破局

一本书
读懂**企业增长**之道

谷奇峰　陈　霞　王辰光
著

清华大学出版社
北　京

内 容 简 介

本书旨在帮助职场高管破局企业业绩增长的战略谜题。作者将数字化时代优秀企业的实践经验加以理论升华，通过阐释数字技术赋能、顾客价值主张、顾客价值创新、组织边界突破、生态系统演进五大企业成功关键要素，提示了企业业绩增长的"底层逻辑"，具有思想性、启示性、实战性。本文使用"战略分析五步法"帮助企业找到增长路径：通过战略环境看未来趋势、通过战略洞察看成功要素、通过战略诊断找企业差距、通过战略设计找增长框架、通过战略路径找实现方法。

本书逻辑缜密，在内容方面采用顶层设计、前沿案例，语言表达生动，适用于所有在思考并致力于企业业绩增长的职场人士。

图书在版编目（CIP）数据

破局：一本书读懂企业增长之道 / 谷奇峰，陈霞，王辰光著 . —北京：清华大学出版社，2023.7

ISBN 978-7-302-63794-3

Ⅰ . ①破… Ⅱ . ①谷… ②陈… ③王… Ⅲ . ①企业管理 Ⅳ . ① F272

中国国家版本馆 CIP 数据核字 (2023) 第 098382 号

责任编辑：付潭娇
装帧设计：方加青
责任校对：王荣静
责任印制：朱雨萌

出版发行：清华大学出版社
　　　　　网　　　址：http://www.tup.com.cn，http://www.wqbook.com
　　　　　地　　　址：北京清华大学学研大厦A座　　　　邮　　编：100084
　　　　　社 总 机：010-83470000　　　　　　　　　　邮　　购：010-62786544
　　　　　投稿与读者服务：010-62776969，c-service@tup.tsinghua.edu.cn
　　　　　质 量 反 馈：010-62772015，zhiliang@tup.tsinghua.edu.cn
印 装 者：三河市春园印刷有限公司
经　　销：全国新华书店
开　　本：170mm×240mm　　　印　　张：12.5　　　字　　数：191 千字
版　　次：2023 年 7 月第 1 版　　　印　　次：2023 年 7 月第 1 次印刷
定　　价：89.00元

产品编号：101749-01

数字经济时代已然到来，对于大多数企业家而言，伴随着数字经济浪潮一同而来的，不仅是机遇，更多的是焦虑。我们访谈了许多企业家，发现自疫情以来，大家都有不同程度的焦虑感增长。这种焦虑感来自于以前能给企业带来有效业绩增长的方法效果越来越差。市场不断变化，新技术日新月异。大家一睁眼，什么事都是新的，老办法不管用了，而对新事物又不太了解，难免会产生诸多焦虑。

以下是我们总结归纳出的数字经济时代下四种典型焦虑，你是否也在思考这些问题？

● 焦虑一：顾客未来究竟想要什么产品和服务？

在数字经济时代，"顾客就是上帝"这句话尤为适用，因为所有东西都在变，只有顾客是明确的。我们需要清楚地认识到，价值创造的过程要以顾客为中心，企业与消费者需要有机融合在一起，形成"你中有我，我中有你"的一种良性的价值创造过程。

但是，明白顾客究竟想要什么不是一件容易的事情，许多企业都有这样的感觉，顾客越来越难"伺候"了。例如他们可能既需要价格"低档"，同时又要求品质或感受达到"高档"。同时，他们越来越注重"体验"，注重购买过程的新奇感。他们总要货比三家，不断问询和比较，并且许多顾客基本没有黏性，无法进行长期的消费。这些问题使得企业不禁产生焦虑：顾客究竟想要什么？我该怎样满足顾客的需求？

　　重点：价值创造要以顾客为中心，而理解顾客并不容易。

● **焦虑二：企业未来的竞争对手在哪里？**

　　随着数字经济时代的到来，企业竞争的范围和深度都不可同日而语。

　　从范围上看，企业现在不仅需要面对来自区域内、国内的同行业竞争，而且还需要面对来自全球行业领先者的严峻挑战，此外，企业还会面临一些不同行业、不同赛道的竞争对手的"跨界打劫"。从深度上看，时间和反应速度逐渐成为更重要的竞争要素，谁能更快速地适应市场，谁能更高效地满足顾客需求，谁就是胜利者。

　　同时，企业的竞争关系也在发生变化。我们发现，过去的竞争是以单赢为唯一目标的，企业之间不是"你死"，就是"我活"，是一种零和博弈式的完全竞争，而到了数字化时代，这种观念逐渐被协同竞争所取代，即企业更加强调相互之间的信任，通过相互合作来实现协同，从而实现"双赢"甚至"多赢"。

　　因此，企业未来的竞争对手在哪里，如何面对竞争对手的挑战，如何在竞争中寻找合作，也成为了困扰企业的问题。

　　重点：竞争范围、深度与竞争关系的变化使得企业需要考虑新的竞争策略。

● **焦虑三：企业原有的增长模式失效，未来究竟靠什么提高经营业绩？**

　　随着数字经济时代的到来，顾客对企业提供的产品和服务越来越挑剔，要求也越来越苛刻，企业原有的增长模式逐渐失效，这对企业的经营效率提出了严峻的挑战。面对如此情景，许多企业往往产生巨大的焦虑，而不顾后果地采取一些行动。有的企业认为这是自己生产能力的不足，应当加大设备等固定资产的投入；有的企业认为这是自己的人力资源出现了短缺，应当雇用更多的人力，以提高产能。但结果往往是，市场依旧快速多变，且难以预测，而企业提高经营效率的方式又过于僵化，最终导致企业得不偿失，仍然无法应对激烈的竞争环境。

重点：在数字经济时代，企业边界的重新定义是提高经营业绩的重要决定因素。

● **焦虑四：企业是否具备面向未来的数字化能力？**

数字经济时代的到来，让许多企业都措手不及。除了阿里、腾讯、华为等少数企业能够主动拥抱数字化之外，国内大部分企业可以说仍然对数字化的到来不知所措，不明白数字化到底是什么，也没有主动作为。许多企业会疑惑，面对低迷的市场，自己的公司都快活不下去了，而数字化的成本却不低，自己还有必要考虑数字化吗？而实际上，数字化对于企业而言早已不是一门选修课，而是一门必修课，因为外界汹涌的数字化浪潮终将倒逼企业转型。在数字经济时代，组织边界被重构，无论是供应链上下游的其他企业，还是跨行业的合作伙伴，只有通过数字化转型才能带来相互之间更加高效的合作。

试想一下，假如你是一条供应链上的企业之一，你的上下游合作企业已经具备了成熟的数字化能力，而你仍对数字化感到不知所措，你们之间的合作能够顺利高效地进行吗？它们还会选择你作为合作伙伴吗？

重点：数字经济时代，数字化是我们嵌入商业社会的必要条件。

在数字经济时代，企业家所面临的焦虑与挑战远远不止这几条，且不同的企业往往会遇到不同的焦虑，而本书的写作目的，就是归结产生这些焦虑的原因，从而进一步探讨消除焦虑的方法，让企业能够在数字经济时代走得更远。

因此，本书将聚焦于数字化时代的企业增长主题，通过战略环境来了解数字经济下的社会变革新趋势，通过战略洞察来了解数字经济下的企业成功关键要素，并通过战略诊断来对标数字化标杆企业找差距，从而在战略设计上，能够帮助企业构建企业业绩增长的战略顶层框架，并通过案例给出三种数字赋能企业的企业增长战略路径，希望能够帮助读者解决企业决策者在数字经济时代的焦虑与困惑，助力企业实现新的业绩增长。

谷奇峰

2023 年 3 月 3 日于北京邮电大学

第 **1** 章

战略环境：
数字经济下的变革新趋势

战略洞察：
数字经济下的企业成功关键要素

战略诊断：
对标数字化标杆企业还差多远

第 4 章

战略设计：
数字经济下的企业增长战略顶层框架

第 5 章

战略路径：
数字赋能企业增长战略的典型路径

第 1 章

战略环境：

数字经济下的变革新趋势

A Roadmap for Achieving

Digital Growth in

Business

1.1　导入：数字经济时代　颠覆创造未来

近年来，科技的进步和发展给人们的生活带来了翻天覆地的变化，一方面，人们对生活品质日益丰富且个性化的需求推动着消费模式的不断升级；另一方面，实现中国从大国向强国的转变呼唤着产业结构的深层变革。因此，越来越多的企业投身于创造价值的变革浪潮中，颠覆性的技术与商业模式创新不断涌现，数字经济给企业发展环境和发展方式带来了巨大改变。在探索数字经济带来的改变之前，我们可以通过两个案例具体感受一下数字化企业的魅力。

1.1.1　C2B 标杆：上汽大通——新消费模式的"世界灯塔"

上汽大通汽车有限公司（以下简称"上汽大通"）成立于 2011 年，是上汽集团的全资子公司。作为一家数字化车企，上汽大通的表现十分出彩。

● 10 年间销量翻了 200 倍

2011 年上汽大通成立之初，第一款产品上市年销量不过 1 000 台，到 2021 年，总销量已达到 23 万辆。粗略计算，上汽大通的销量 10 年间保持了 70% 以上的年复合增长率，创造了业界知名的"大通速度"。2015 年，上汽大通率先将消费者到企业（Customer to Business，C2B）大规模个性化智能定制模式引入汽车行业，打破传统汽车行业的企业到消费者（Business to Customer，B2C）模式，成为第一家实施 C2B 战略部署的车企。如今其产品不仅在国内迅猛发展，更是远销海外 51 个国家和地区，在英国、澳大利亚和新西兰的销量名列中国汽车品牌首位。

● 成为全球级"灯塔工厂"

2019 年，达沃斯世界经济论坛"灯塔工厂"评委会参观了上汽大通南京

C2B 工厂后，对该工厂进行了高度评价："具有挑战性的市场环境推动该工厂打造了大规模'智能定制'的新模式，实现从用户到供应商端到端的数字化价值链，从而提高了销售并降低了成本。"因此，借助数字化技术，上汽大通成为全球首家入选"灯塔工厂"名单的中国整车企业，这一成就被认为"崭新的 C2B 定制已经在世界范围的权威评选中获得肯定"。

● **成功背后的基石：基于数字化的 C2B 智能定制模式**

前面所提到的"灯塔工厂"，是指由世界经济论坛和麦肯锡咨询公司共同选出的数字化制造与全球化 4.0 的示范者。而其评委会提到的"新模式"正是基于数字化技术支持下的 C2B 智能定制模式。

C2B 意为先有消费者提出需求，后有企业按需求组织生产。该模式的关键在于"用户驱动"，即从传统的 B 端标准主导变为 C 端数据主导，通过与用户在整条价值链上进行实时、在线的透明互联，开展个性化产品定制、智能化制造等，达到对业务模式和商业模式创新变革。

表面上，这只是销售模式变了，不再是"我有什么，想个办法卖给消费者什么"，而是"消费者需要什么，我生产什么"。但其背后为了实现"真正以消费者为中心，让用户参与产品研发全流程"这一目标，上汽大通进行了基于数字化技术支持的深刻转型，对研发设计、生产制造和产品营销等环节进行了全面数字化变革。

（1）研发设计，用户数据驱动产品进行研发

为了真正实现"用户驱动研发"，上汽大通开发了"我行 MAXUS 平台"，使用户可以直接参与整车定义、开发、验证、选配、定价、改进的全线流程，实现了企业与用户及伙伴的数字化互动直联，满足了用户追求个性化产品的服务需求。以 D90 为例，上汽大通开展了历经 4 个月、覆盖全国 31 个省市、参与人口超 66 万的定价过程，获取到了 172.7 万个有效定价数据，而这份真实、巨量的数据也成为 D90 的定价基础。除了定价过程，D90 研发设计的全过程也广泛采取了用户的意见，比如汽车的前格栅就是由一位用户亲手设计的。

（2）生产制造，通过智能工厂满足个性化需求

为了满足用户的个性化需求，实现高效生产，上汽大通打造了南京C2B智能工厂。上汽大通广泛应用数字化技术，采用汽车行业领先的工程数据智能分析技术、数字化工艺管理平台、数字化质量管理系统、基于大数据的生产防错与纠错系统，实现全链条供应链和物流信息可视化、数字化，令生产更加透明、高效和智能。

除了应用各种数字化软件，智能工厂还具有许多先进的硬件设备。以上汽大通G50车型为例，生产它的车间率先采用了FANUC内加电弹夹式喷涂机器人，漆面质量更高。不仅如此，工厂还采用了EMS+VAC升降系统，并使用SPS单车配送系统。在车辆总装上线时，系统会依据车辆的编号生成装配物料清单，工人在对物料清单进行扫描后，就可以任意选择一辆空着的AGV料车并把需要的零件放到料车上。最后，当料车上的零件被总装流水线抓取完后，聪明的SPS小车就会过来把空料车带回去等待下一次被使用。

（3）产品营销，数字化平台打通营销全流程

为了打通营销全流程，上汽大通开发了一系列数字化平台为用户服务，包括为用户提供选车服务的"蜘蛛智选"、为用户提供用车服务的"房车生活家"和"蜘蛛智联"、与下游经销商共享信息的"大通知乎平台"，以及用于企业内部沟通的"i大通平台"等。这些平台承担了具体的数据收集、处理和分析的任务，为企业营销提供了有力支撑。

以"我行MAXUS平台"下属的"蜘蛛智选"平台为例，这是一个可以满足用户选车、购车及全生命周期个性化需求的在线营销服务平台。通过平台，用户可享受在线选配、在线选择经销商、日历订车、订单跟踪、定金支付等智能定制功能，真正获得个性化产品和服务。这些用户偏好数据又会输送到研发端，成为优化产品设计的依据。至此，上汽大通围绕以消费者为中心施行的C2B项目，已全面贯通整个体系流程和系统，形成良性循环，不断推动着"以消费者为中心的"新产品开发及迭代。

综合来看，上汽大通依托数字化转型实现了C2B智能定制模式。在数字化技术的赋能下，实现了以消费者为中心，产品与市场需求贴合演进的生产

模式，这使其成为中国乃至世界汽车品牌智能制造的新标杆。

1.1.2 B2B 标杆：明珞装备——智能制造的行业标杆

广州明珞装备股份有限公司（以下简称"明珞装备"）成立于 2008 年，专注于汽车制造、航天航空、轨道交通和一般工业领域，提供高效可靠的智能制造解决方案。作为全球顶尖的智能制造企业，明珞装备的实力不容小觑。

● 中国智能制造高端产品的代表

在以汽车车身制造为主导的高端装备领域，明珞装备成为中国智能制造高端产品的代表。其持续致力于智能制造、数字化、工业物联网和互联网的深度创新和落地。从系统集成、产线交付，到核心硬件、软件产品研发及标准化，为奔驰、宝马、奥迪、大众、通用、长城、吉利、广汽、上汽、北汽等国内外汽车制造厂商提供车身焊装智能制造生产线，产品出口到了美国、德国、日本、墨西哥、南非、马来西亚等国。2016 年，明珞装备以全美唯一可以 6 个月交付激光钎焊生产线的身份拿下了电动车巨头特斯拉的超级订单。近年来，其海外出口营收占总营收 60% 以上。

● 中小企业能办大事

2008 年 6 月，明珞装备以 9 000 万元注册资本正式注册成立，彼时还是一个刚起步开展车身制造工程的民营小企业。2018 年，习近平总书记亲临明珞装备视察，指出"中小企业能办大事"。2019—2021 年三年间，明珞装备牵头和参与了国家科技部的国家重点研发专项 4 项、国家工信部项目 4 项。目前拥有自主知识产权 667 项，近三年增加了将近 300 项的专利，其中国内 / 国际发明专利 100 余项，有十多项为行业内全球领先。

● 基于工业互联网的智能制造模式的快速成长

明珞装备深究工业互联网本质，从制造基础研发、大型装备设备研发到技术应用定制研发，将智能制造定义为以自动化为基础，加入标准化、精益化、柔性化、数字化以及智能化的理念，打造出了一套能从传统工业中不断突围、提升业务效能和行业价值的"工业互联网＋智能制造"创新模式。

（1）生产变革：智造竞争倒逼生产线快速响应

2016 年，在美国特斯拉由于零件设计变更，导致工期不足的情况下，特斯拉首次选择了全美唯一可以 6 个月交付激光钎焊生产线的明珞装备。至今，明珞装备承揽了特斯拉美国 Model Y 车型、中国 Model Y 车型及 Model 3 车型等项目，是唯一所有项目都能准时交付的供应商，相比其他供应商长达 1~3.5 年的交付速度，明珞装备实现了仅 6 个月的生产线交付周期，以其标准化与精益化的服务大幅度节省了产线设备投资 65% 以上，成为特斯拉全球认可的生产线供应商。

2015 年，明珞装备开始对非标工装设备柔性流水线式生产做研发，2017 年建立生产线，以前非标设备没有生产线，所有的零部件散乱地摆放在现场，装配速度慢，平均一台工装设备需要 200 小时才能做完。而明珞装备在全球首次实现非标工装设备流水线式生产，实现了仅 35 小时就能装配完成的速度，提高生产效率 5 倍以上。

（2）产线升级：数字孪生拉动一线生产效率

明珞装备不得不提的技术，就是数字化赋能的核心技术之一——数字孪生。在数字化的虚拟世界中，对现实世界的各类数据进行的模拟仿真，就是数字孪生。当制造企业想要进行一项创新性的尝试与改革时，如果直接利用现实中的数据试错，成本极高。而数字孪生可以轻易地在虚拟世界，模拟企业想要做到的更新，提前得知这种尝试在现实中是否可行，大大降低了试错成本，且可以不断优化整改。

明珞装备作为广东工信局的示范级 CPS 离散制造数字化创新中心，正在不断尝试生产线虚拟调试，在数字化环境中建立生产线的三维布局，包括工业机器人、自动化设备、PLC 和传感器制造等。做到在虚拟环境下，在生产线的数字孪生模型中进行机械运动、工艺仿真和电器调试，在设备未安装前就解决可能出现的问题，大大提高了产品的合格率与适配率。

（3）边界拓展：MISP 与 IME 打破智造与服务边界

明珞装备专精 To B 细分领域装备生产，于 2015 年成立虚拟调试（Virtual Commissioning，VC）业务部门，开始自主研发工业互联网智能大数据平台——MISP。目标是通过 MISP 平台，能够连接万亿级核心生产线资产，提供深度、有价值的服务，并实现公司转型，实现整个装备制造产业链的变化，推动产业更好的发展。

基于 MISP，明珞装备使客户的使用、运维成本降低 20% 以上，意外停机故障率降低 50% 以上，资产利用率大于 60%，设备质量可靠性、开动率提高 5%~10%，备品备件成本降低 40% 以上，设备回收价值增加 30% 以上。目前 MISP 已经连接了全球 7 个国家的 200 多条产线，设备总价值超过 30 亿元，并计划于 2025 年实现连接管理机器人自动化产线、设备总资产 1 万亿元的目标。

不仅如此，联合后期自主研发的智造家工业互联网服务平台——IME，明珞装备为制造业企业提供产线、设备、元器件的诊断评估、智能运维、回收再制造、产业金融等全价值链生命周期服务，形成了"智能制造解决方案 + 非标产品标准化业务 + 工业互联网数据技术服务业务 + 产业金融"的业务集群，并引领汽车装备向客户提供全生命周期黏性服务。

● 产融结合，加速发展

2022 年 6 月 6 日，中移投资控股有限责任公司、中国互联网投资基金（有限合伙）与广州明珞装备股份有限公司达成战略投资签约，前二者向后者新增投资 6 亿元人民币，用于"产品及技术创新、工业互联网与大数据产业建设、国际化业务发展"等方向。此次签约标志着明珞装备将进入数字化发展新阶段。

在推动工业互联网升级落地进程中，细分产业与互联网产业资本之间正不断强化投资与业务联动进程，相信明珞装备的数字化发展之路将会走得更快更好。

1.2　数字经济的前世今生

看过了两个典型的数字化企业，你是否心生向往，但又心存疑问，感觉这些企业的数字化转型背后似乎有一只"无形的手"在推动。其实已经有越来越多的企业开始拥抱数字化转型，这一现象并不是偶然的，这与企业所处的经济环境，即数字经济密切相关。

那么给企业带来如此巨大改变的数字经济究竟是什么呢？我们又该如何理解它因何而来，未来又将带来怎样的影响呢？

下面我们从过去、现在、将来三个角度来全面地认识数字经济。

1.2.1　从过去来看数字经济产生的必然性

2022年1月，国务院首次印发了一个专门针对数字经济的"十四五"规划——《"十四五"数字经济发展规划》。专门针对一个产业，从国务院层面出台一个系统性、前瞻性的规划，在历史上是不多见的。该规划中提到：数字经济是继农业经济、工业经济之后的主要经济形态。

所以要想理解数字经济，首先要了解经济形态的演变过程，以及数字经济产生的时代背景。

● 从农业经济到工业经济，形成了第一次大分流

世界经济史的基本轮廓出奇简单，简单到可以用一张图表总结。在公元1800年以前，人均收入（每人可获得的衣、食、住、热、光）因社会或时代而异，但整体没有呈上升趋势。受到"马尔萨斯陷阱"（Malthusian Trap）的桎梏，技术进步带来的短暂收入提升最终一定会被人口增加所抵消。

所谓"马尔萨斯陷阱"，就是指人口增长是按照几何级数增长的，而生存资源仅仅是按照算术级数增长的，人口不能超出相应的农业发展水平。

这在生物界和人类几千年历史的大部分时间里几乎是"真理"：资源有限，一旦种群数量超出上限，就会面临残酷的竞争，淘汰掉一部分群体，使

得种群数量始终维持在合适的规模。这一"真理"在工业革命发生以后被一定程度上打破了，进而产生了第一次大分流，即进入到工业经济的国家，其经济得到了高速发展，并迅速与仍处在农业经济的国家拉开差距。进入到工业经济形态的国家，不再是资源上的零和博弈，人口上限和人均收入都得到了质的提升，人类社会在短短的一百多年就迅速积累了远超于过去几千年的财富。

● 从工业经济到数字经济是必然趋势，并带来第二次大分流

随着工业经济加速发展，到 20 世纪 70 年代末达到了高峰，经济的附加值主要体现在产品的制造上，供不应求。在处理器发明后，计算机开始普及，加上光传输的发明与使用，形成了网络；由于网络及管理软件的应用，制造业可以被剥离并转移到低成本的国家，市场的激烈竞争使得制造业不再有高额利润，发达国家正在从工业化走向去工业化，核心制造时代结束。从 20 世纪 90 年代开始，经济的附加值主要体现在销售网络的构造中，销售网络的核心就是产品的研发与知识产权（Intellectual Property Rights，IPR）。21 世纪以来，全球科技创新进入密集活跃期，自动化加速走向数字化、网络化、智能化，新技术、新产业、新模式、新产品大规模涌现，深刻影响着全球的科技创新版图、产业生态格局和经济发展走向。

从宏观角度来看，全球资源紧张，贸易争端不断，主要经济体发展放缓，无疑又陷入了"马尔萨斯陷阱"当中。技术革命再次成为经济增长和社会进步的突破手段，并且是否采用新技术将再次导致经济发展"大分流"。所以信息技术驱动下的数字化转型是大势所趋，当前正处在第二次大分流的发展初期，这次数字经济相对工业经济带来的分化速度将更快，分化差距将更大。

1.2.2　从当下来看数字经济的构成要素

当前数字经济的概念非常火，但概念本身是抽象的，这就犹如一个黑盒。不了解黑盒的结构，我们是很难全面了解我们所处的环境，更别提参与其中了。

根据中国信息通信研究院在《中国数字经济发展白皮书》中给出的定义，数字经济是以数字化的知识和信息作为关键生产要素，以数字技术为核心驱动力量，以现代信息网络为重要载体，通过数字技术与实体经济深度融合，不断提高经济社会的数字化、网络化、智能化水平，加速重构经济发展与治理模式的新型经济形态。

这其实是从经济形态的本质，即生产要素、生产力、生产关系的角度对数字经济进行了定义，并由此形成了认知数字经济构成的"四化框架"。

● "四化框架"的内涵

（1）数字产业化——数字经济发展的先导产业

数字产业化即信息通信产业，是数字经济发展的先导产业，为数字经济发展提供技术、产品、服务和解决方案等。

数字产业化具体包括电子信息制造业、电信业、软件和信息技术服务业、互联网行业等。数字产业化包括但不限于5G、集成电路、软件、人工智能、大数据、云计算、区块链等技术、产品及服务。5G、大数据、人工智能等数字技术将会在后文详细介绍。

（2）产业数字化——数字经济发展的主阵地

产业数字化是指传统产业与数字技术相结合，所带来的生产数量和效率的提升，其新增产出是数字经济的重要组成部分。产业数字化是数字经济发展的主阵地，为数字经济发展提供广阔空间。

产业数字化包括但不限于工业互联网、两化融合、智能制造、车联网、平台经济等融合型新产业新模式新业态。数字经济，不是数字的经济，而是融合的经济，实体经济是落脚点，高质量发展是总要求。

产业数字化是个宏观的过程，相当于各个企业数字化过程的加总，企业数字化程度决定产业数字化的进度。这里要注意，不是应用了数字化以后，整个传统产业都成了数字经济的组成部分，而是只有通过结合数字技术提升的部分才被计算在内。

这里面还要重点区分两个概念："数字化"和"信息化"。

数字化经济时代，人们容易对"数字化"与以往的"信息化"产生混淆。因为信息化被提了很多年，即使是传统行业，对于 IT 技术也都有一定的应用，"数字化"很容易仅被认为是"信息化"的另一种说法。

其实这两者之间既有区别又有联系，简单来说，"数字化"是"信息化"发展的高级阶段，两者的出发点和目标是不同的。

"信息化"强调将线下的业务流程，通过网络、信息系统加工生成线上的信息资源。它可以使企业内人员清楚地了解到业务的进展情况，从而缩短一些办事流程。比如我们所熟知的库存管理系统，之前需要亲自清点库存并记录在账本上，而现在我们把这些记录通过开发软件或平台的形式迁移到了线上，只需要在系统里查阅就可以清点库存，以及运输中的货物的物流状态。这些流程都被以动态信息的形式存储在系统里，可以帮助我们合理配置资源，增强企业应变能力，从而获得最大的经济效益。

"数字化"以客户为核心，强调使用数据指导企业运营，以便更深刻地认识自身和服务客户。比如我们常常提到的"用户画像"，就是平台通过记录用户浏览和购买商品积累的大量数据，对用户喜好进行精准速写，进而掌握用户的消费习惯，进行更加合理化的推荐，以此来指导平台的销售模式不断完善。

信息化是从"业务到数据"，而数字化是从"数据到业务"。信息化主要是"记录你做了什么"，而数字化则是要"告诉你该怎么做"。

（3）数字化治理——快速健康发展的重要保障

数字化治理是推进国家治理体系和治理能力现代化的重要组成部分，是运用数字技术，建立健全行政管理的制度体系，创新服务监管方式，实现行政决策、行政执行、行政组织、行政监督等体制更加优化的新型政府治理模式。数字化治理是数字经济创新快速健康发展的保障。

数字化治理包括治理模式创新，利用数字技术完善治理体系，提升综合治理能力等。数字化治理包括但不限于以多主体参与为典型特征的多元治理，以"数字技术＋治理"为典型特征的技管结合，以及数字化公共服务等。

数字经济强有力地推动国家治理由个人判断、经验主义的模糊治理方式转变为细致精准、数据驱动的数字化标准化规范化治理。与此同时，大数据、云计算等数字技术同传统公共服务的融合应用更是增强了治理体系的态势感知、科学决策、风险防范以及应急响应能力，提升了数字化公共服务均等化水平。

疫情期间，"健康码""行程卡"作为数字化治理的典型应用，有效助力政府决策科学化、社会治理精准化、公共服务高效化。在抗击新冠肺炎疫情过程中，"健康码"和"行程卡"对人员流动管控与企业复工复产发挥了至关重要的作用。"健康码"和"行程卡"作为数字化治理的典型实践，通过数字技术创新应用，打通了数据采集、模型算法、赋码应用的全链条，极大提高了疫情防控效率，不仅在疫情防控中发挥了不可替代的作用，更成为我国数字社会治理的重要实践，向全世界展示了我国的数字治理能力。

（4）数据价值化——发展数字经济的本质要求

价值化的数据是数字经济发展的关键生产要素，加快推进数据价值化进程是发展数字经济的本质要求。

数据价值化包括但不限于数据采集、数据标准、数据确权、数据标注、数据定价、数据交易、数据流转、数据保护等。

自20世纪90年代开始，数字技术蓬勃发展，数字技术与人类的生产生活联系越发紧密，全球数据量呈爆发式增长。数据对人们日常生活、企业生产运营、社会经济发展和国家宏观治理产生着越来越重要的作用。数据成为重要战略资源和新的生产要素，对数字经济发展起到基础性和支撑性的关键作用。

综合来看，基于这样的要素拆解，我们可以很清楚地看到数字经济的产业链构成和驱动因素，进一步了解数字经济的内涵，并对我们自身所处的经济结构有更清晰的认知。

● "四化框架"的内在逻辑

（1）数字产业化和产业数字化重塑生产力，是数字经济发展的核心

生产力是人类创造财富的能力，是经济社会发展的内在动力基础。数字产业化和产业数字化蓬勃发展，加速重塑人类经济生产和生活形态。数字产业化代表了新一代信息技术的发展方向和最新成果，伴随着技术的创新突破，新理论、新硬件、新软件、新算法层出不穷，软件定义、数据驱动的新

型数字产业体系正在加速形成。产业数字化推动实体经济发生深刻变革，互联网、大数据、人工智能等新一代信息技术与实体经济广泛深度融合，开放式创新体系不断普及，智能化新生产方式加快到来，平台化产业新生态迅速崛起，新技术、新产业、新模式、新业态方兴未艾，产业转型、经济发展、社会进步迎来增长全新动能。

（2）数字化治理引领生产关系深刻变革，是数字经济发展的保障

生产关系是人们在物质资料生产过程中形成的社会关系。数字经济推动数据、智能化设备、数字化劳动者等生产力创新发展，加速数字技术与传统产业融合，推动治理体系向着更高层级迈进，加速支撑国家治理体系和治理能力现代化水平提升。在治理主体上，部门协同、社会参与的协同治理体系加速构建，数字化治理正在不断提升国家治理体系和治理能力现代化水平；在治理方式上，数字经济推动治理由"个人判断""经验主义"的模糊治理转变为"细致精准""数据驱动"的数字化治理；在治理手段上，云计算、大数据等技术在治理中的应用，增强态势感知、科学决策、风险防范能力；在服务内容上，数字技术与传统公共服务多领域、多行业、多区域融合发展，加速推动公共服务均等化进程。

（3）数据价值化重构生产要素体系，是数字经济发展的基础

生产要素是经济社会生产经营所需的各种资源。农业经济下，技术（以农业技术为主）、劳动、土地构成生产要素组合；工业经济下，技术（以工业技术为引领）、资本、劳动、土地构成生产要素组合；数字经济下，技术（以数字技术为引领）、数据、资本、劳动、土地构成生产要素组合。数据不是唯一生产要素，但作为数字经济全新的、关键的生产要素，贯穿于数字经济发展的全部流程，与其他生产要素不断组合迭代，加速交叉融合，引发生产要素多领域、多维度、系统性、革命性突破。一方面，价值化的数据要素将推动技术、资本、劳动力、土地等传统生产要素发生深刻变革与优化重组，赋予数字经济强大发展动力。数据要素与传统生产要素相结合，催生出人工智能等"新技术"、金融科技等"新资本"、智能机器人等"新劳动"、数字孪生等"新土地"、区块链等"新思想"，生产要素的新组合、新形态将为推动数字经济发展不断释放放大、叠加、倍增效应。另一方面，数据价值

化直接驱动传统产业向数字化、网络化、智能化方向转型升级。数据要素与传统产业广泛深度融合，乘数倍增效应凸显，对经济发展展现出巨大价值和潜能。数据推动服务业利用数据要素探索客户细分、风险防控、信用评价，推动工业加速实现智能感知、精准控制的智能化生产，推动农业向数据驱动的智慧生产方式转型。

1.2.3　从将来来看数字经济的价值

既然已经了解了数字经济的本质和构成。接下来让我们看一看数字经济的发展情况。

数字经济作为人类社会经济发展的新型经济形态，如今已成为全球经济发展的核心引擎与重要支柱，是疫情冲击和全球经济疲软形势下，各国都在关注的焦点。

● 从宏观视角来看，数字经济已成为全球经济的新引擎

（1）数字经济体量大，在全球经济中的地位日益重要

从全球经济来看，数字经济占 GDP 比重逐年提升，在全球经济中的地位日益凸显。2018—2020 年间，数字经济规模从 30.2 万亿美元增加到 32.6 万亿美元，占 GDP 比重从 40.3% 提升到 43.7%，数字经济已经成为全球经济增长的重要组成部分。其中 2020 年美洲数字经济所占 GDP 的比例约为 58.6%，位列全球第一位，其次是欧洲和亚洲，分别占比 40.9% 和 34.8%。

从中国经济来看，数字经济占 GDP 比重逐年提升，在国民经济中的地位日益凸显。2002—2020 年间，数字经济规模从 1.2 万亿元增加到 39.2 万亿元，占 GDP 比重从 10.3% 提升到 38.6%，数字经济已经成为国民经济增长的重要组成部分。但相比发达国家，仍有巨大的提升空间。

（2）数字经济增速快，是推动经济高速发展的重要动力

从全球经济来看，数字经济增速快，是推动全球经济发展的重要动力。2020 年受疫情冲击和外部环境诸多不确定因素的影响，全球经济有所下滑，

经济总量达 84.7 万亿美元，GDP 增速为 -3.6%，而全球数字经济规模达到 32.61 万亿美元，同比名义增长 3.0%，远高于倒退的 GDP 增速。

从中国经济来看，横向对比下，中国的数字经济市场增速达到 9.6%，增速全球第一，明显高于全球数字经济市场增速的 3%。和自身对比来看，2002—2020 年间，中国数字经济规模（增加值）从 1.2 万亿元增加到 39.2 万亿元，年均增长率达到 22%，远远高于同期 GDP 年均 13% 的增速。数字经济已成为推动国民经济发展的重要动力。

● **从微观视角来看，数字化企业是全球经济的新支柱**

（1）传统企业通过数字化赋能实现快速增长

传统企业可以通过使用数字技术提高生产效率，进而实现企业的快速增长。比如申洲国际通过使用物联网、人工智能等数字技术对服装制造模块化、柔性化、自动化和智能化，能够在 16 小时内生产数万件服装，净利率保持在 20% 以上，远超同行 6% 的平均水平，甚至高于大客户耐克 10% 净利率，实现了"代工厂净利率超过品牌商"的奇迹。这样的利润率也为申洲国际带来了高市值，2021 年申洲国际市值 3 000 多亿港元，是 2008 年最低点的 366 倍。

（2）被数字化赋能后的企业更受资本青睐

以特斯拉为代表的造车新势力一开始就是数字化运营的，获得了消费者的追捧和资本市场的认可。特斯拉是所有车企中智能化完成度最高的企业，基本实现了全部业务环节的数字化联通，与传统车企有着本质上的不同。2020 年，特斯拉市值为 6 590 亿美元，约等于全球车企市值排名中第二名到第十名的总和。

（3）数字化企业在资本的助推下已成为全球经济新支柱

1990 年全球市值前十位的企业中有 6 家是金融企业；到 2000 年，仅仅 10 年，全球市值前十位的企业中的 7 家已被通信及硬件企业占据；又过了 20 年，2020 年全球市值前十位的企业中 7 家都是互联网科技企业，也就是数字化企业。从全球市值前十位的变化趋势可以看出，企业的发展与时代同步，资本市场对数字化企业的支持，将带来更大的机遇。

如今，数字经济已成为全球经济增长的新引擎，数字化企业是全球经济的新支柱。从过去到现在的发展趋势来看：未来，数字经济的规模将不断扩大，最终成为经济发展的主导力量。

1.2.4   总结

本章节我们了解到数字经济是经济发展的必然方向，其本质是以数据资源作为关键生产要素和以数字技术作为核心驱动力的经济体系。同时也了解到构成数字经济的四个关键板块，以及其在推动全球经济发展中的重要地位。下一章节我们将详细介绍冰山水面下的部分——数字经济造就的五大新趋势。

1.3   冰山下的部分——数字经济造就的新趋势

未来 10 年，以"Z 世代"（"95 后"）为代表的新人类将会成为全球最重要的消费主体；当下，以 5G、人工智能、云计算、大数据等新一代信息技术为核心驱动力的数字经济正在给人类生产、生活和生态都带来了广泛而深刻的影响。

新兴消费群体的崛起与数字技术的广泛使用为市场带来了更多的不确定因素，这也是我们总能感受到风口到来，但身在其中又总感觉抓不住的原因。企业如果想在瞬息万变的市场中保持竞争力，甚至更进一步，就必须对数字经济时代下市场的新趋势有所了解，挖掘表象中的本质。

在此，我们总结了数字经济造就的五大新趋势，这些新趋势源于商业的本质，但与数字经济的时代特征又紧密相关。

1.3.1   消费者主权崛起

消费者主权崛起就是市场以消费者为中心，企业生产以消费者为导向。在数字技术的帮助下，消费者在各种平台上发出自己的声音，而生产者基于消费者的偏好规划生产、提供服务。

一百多年前，美国福特汽车公司创始人亨利·福特说过："不管消费者需要什么颜色，我生产的汽车都是黑色。"2019 年，欧莱雅中国总裁说："22 年前进入中国时，美妆行业是千人一面，现在是一人千面"。曾经的福特公司可以凭借一款汽车、一种颜色满足需求，如今的消费需求却是"一人千面"，服装、家居、化妆品、3C 产品等，几乎每一个行业，个性化定制正大行其道，多样化、碎片化、多场景的消费需求大规模兴起并渐成主流。这些变化正体现了消费者主权的崛起。为什么会出现这个现象？

（1）供需关系的变化使得消费者地位提高

在 20 世纪初期至中期，世界处于商品匮乏的时代，日益增长的人口和需求对商品种类、数量形成巨大的市场空间，因此，只要能够把商品生产出来，就能够获得商业上的成功。此时尽可能多地生产出社会所需的商品是企业家的关注点，以效率管理为重点的泰勒的科学管理、大规模生产管理实践和理论也成为企业管理界的重点。

到 20 世纪下半叶，大多数领域都有多家竞争厂家，世界从产品稀缺逐渐演变为产品和需求相对均衡的状态，消费者有了更为广阔的选择空间，关注点和兴趣点也开始从追求拥有某种产品转移到追求耐用、高质量的产品，因此产品的质量成为竞争的焦点。20 世纪 80 年代至 90 年代，由于进口产品如彩电、手机顶着质量可靠的光环，拥有令人羡慕的市场地位和高额溢价，质量管理相应地成为企业管理界的热门和重点，以全面质量管理（Total Quality Management，TQM）为代表的质量管理把管理理论带进了全新的纪元。

到了 21 世纪，世界从产品、需求相对均衡状态又进一步发展为产品过剩状态，甚至几乎任何产品都能找到数量众多的供应商。消费者可选择的范围和种类进一步扩大，大多数产品的质量不再是关键问题，消费者的兴趣点和关注点从质量、有用性扩展到便利、利益、时尚等，变得复杂多变和难以捉摸。企业竞争的重点也逐步由质量领域转移到了商务领域——如何更高效地与目标客户群体进行互动，如何捕捉顾客真正的需求？

此时消费者占据了市场的主导权。在数字经济时代，数字经济的广泛应用使得企业触达客户的方式更为多元化，但这也进一步加剧了市场竞争，强化了消费者地位，市场向以消费者为中心转变。

（2）新一代消费主体（"Z世代"）最突出的特点是个性化、多样化的需求

未来10年，以"Z世代"为代表的新人类将会成为全球最重要的消费主体。"Z世代"是指出生于1995—2009年之间的人群，也就是我们常说的"95后"和"00后"。我国"Z世代"人群约2.6亿人，"Z世代"逐渐步入社会，在消费能力上展现了作为年轻群体的活力。

第一财经商业数据中心的报告显示，我国"Z世代"开支达4万亿元人民币，其开销约占全国家庭总开支的13%，消费增速远超其他年龄层。这个消费群体最大的共同特点是：他们都在中国经济开放与高速增长中长大，且大部分是独生子女。相较于挣钱以求生存的前几代人，相对优越稳定的物质生活让他们形成了新的消费观，与前几代人相比，他们更加敢于花钱，热衷于超前消费，而且更乐于且善于表达消费主张。

根据21世纪经济研究院发布的《2021新一线城市Z世代青年消费趋势报告》，"Z世代"虽然倾向于把钱花在"刀刃"上，十分看重产品的性价比，但同时他们也非常在意小众个性、有创意，符合自身兴趣和价值观的商品，并且十分在意商家提供的服务是否周到。这也意味着相较于以往消费者主要注重性价比和服务，"Z世代"最突出的消费特点就是个性化、多样化的需求。

一方面，技术进步为消费者发声提供了基础。

"Z世代"固然是更具消费主见，需求更为个性和多样的一代消费群体，但消费者主权的快速崛起，还与他们善于借助数字技术发声密切相关。

web1.0是"只读"模式，互联网上媒体和读者有着严格的信息生产者和信息消费者角色区分，即使门户网站繁荣发展，但网络媒体也只是电视、报纸等媒体的线上化形态而已。到了web2.0时代，随着线上交互技术的发展，如今的互联网媒体生态已是百花齐放，互联网用户既是信息的消费者又是生产者。曾经，越南战争被称为"第一场电视战争"，1991年的海湾战争被称为"CNN的战争"；如今，俄乌冲突成为"第一场TikTok（抖音的国际版）战争"。

　　未来还会进入到 web3.0，随着数字技术的广泛使用，"Z世代"能够在各种平台上自由地表达自己的需求，并对企业的产品或服务提出意见；这也给企业使用数字技术收集和分析消费者的需求，进而改进产品或服务提供了环境。在数字技术的支持下，消费者与企业共同推动了消费者主权崛起的出现。

　　另一方面，对企业的影响：从"以产品为中心"到"以消费者为中心"。

　　面对消费者主权的崛起，面对环境的剧烈变化，未来所有的企业都应该成为客户的运营商，去实时洞察、满足客户需求，从"以产品为中心"转向"以消费者为中心"，从大规模生产转向大规模个性化定制。

　　以产品为中心的核心逻辑是关注产品的质量、效益、交期、成本，以消费者为中心的核心理念是持续关注消费者从购买到使用全生命周期的体验，并把消费者拉入生产者的场景中，实时感知、精准满足消费者的需求。企业应当从关注性价比、产品功能、耐用性，到关注参与感、交付体验、文化认同、分享与交流等新感受。

　　过去，企业主要采取推式营销，以产品为中心。他们认为消费者喜欢那些高质量、性能好、有特色、价格合理的产品，只要做到提高产品质量、做到物美价廉，就能获得成功。在这种观念的指引下，企业活动以产品功能为导向，更注重如何满足顾客的规模化需求，不在意顾客对后续服务的体验。

　　未来，企业主要采取拉式营销，以消费者为中心。消费者需要什么产品，企业就应该生产销售什么产品。企业活动的逻辑顺序不是从生产出发，而是正好颠倒过来，从消费者的需求出发，按照目标顾客的需要与欲望去组织生产和销售。在这种观念的指引下，企业活动以功能和体验为导向。在产品功能方面，依然注重提升产品的性价比和品质，但同时提供标准化和个性化的产品满足顾客多样性的需求；在顾客体验方面，企业无缝融合不同场景，随时待命，为顾客提供贴心的个性化服务，为顾客带来方便灵活的消费体验。

　　下面我们从三个方面感受下对企业的影响。

　　① 品牌："以消费者为中心"的小众品牌不断崛起。新一代人有着不一样的消费观念，他们个性独特、追求时尚、体验新奇、悦己至上，他们在新品牌上消费更多、黏度更强，他们是新品牌挖掘、尝鲜、传播、出圈的主力

军，引领家居、珠宝、美妆、养生、新式饮食等新兴市场快速发展，催生了包括元气森林、花西子、完美日记、挪瓦咖啡等诸多新品牌。

"强者恒强"的品牌城墙似乎有了一些松动，新品牌不断通过新品类的定义、新产品的迭代，一步步建立自己的细分市场阵地。2020年的天猫"6.18"期间，销售额800万~1 000万元的新品牌数量同比去年增长2倍，后浪们进驻不到3年就成为行业TOP1。据统计，品类创新对本土品牌市场规模扩大的贡献度高达44.8%；市场份额仅占6%的新品牌，对所属品类销售额增长贡献度达到了20%。

② 渠道："以消费者为中心"的新零售蓬勃发展。传统零售是"场、货、人"模式，即先找店铺，然后进货，再通过传统营销手段将商品销售给消费者。其中，"场"是核心要素，唯有争取到黄金位置、核心渠道，企业才能存活下来。而数字经济时代的新零售是"人、货、场"模式，以"人"为本，"人"是最核心的要素。在不断满足消费者个性化需求的同时，使用数字技术挖掘消费者隐性需求，并打造多元化新消费场景，让消费者在得到更好消费体验的同时，购买到心仪的商品。

以盒马鲜生为例，盒马鲜生是阿里巴巴集团旗下对线下超市进行重构的一种基于数据和技术驱动的新零售平台。与传统的生鲜超市不同之处在于，盒马鲜生注重线上线下相结合，采取线上下单、线下配送的模式。在线上，盒马鲜生可以基于用户数据分析其购物习惯，并为其提供个性化的购物体验；线下门店集超市、餐饮、仓储为一体，为消费者打造一站式购物体验。除此之外，盒马鲜生基于数字技术构建了一套完整的物流体系，在用户下单后10分钟内就可完成打包，并为用户提供"三公里范围，半小时送达"的物流配送。

③ 生产："以消费者为中心"的C2M模式兴起。为了满足消费者碎片化、个性化的需求，各大电商平台纷纷布局C2M模式，比如阿里巴巴推出的"淘工厂"和京东的"京东京造"。C2M即用户直连制造商，一端连接制造商，另一端连接消费者。在这种模式下，电商平台基于庞大的用户数据来分析用户的喜好和需求，然后通过数据分析的结果指导上游品牌商、制造商设计产品。C2M模式去掉了库存、物流、分销等中间环节，使消费者可以购买到个性化、高性价比的产品。

1.3.2　数字技术聚变

数字技术聚变就是企业融合使用多种数字技术实现顾客价值的创新。其中数字技术包括但不限于 5G、人工智能、物联网、大数据、云计算、边缘计算、区块链等。

在数字经济风起云涌的时代，企业进行数字化转型升级成为大势所趋，能掌握数字化核心技术，利用各种技术聚合、协同赋能打出一套"组合拳"，成为企业突破发展瓶颈的新趋势。出现这个现象的原因主要有以下几方面。

（1）数字技术自身的蓬勃发展

近些年来，数字技术蓬勃发展，并广泛应用于商业领域，本节将会简要介绍 7 种典型的数字技术的概念、特点和应用场景。

① 5G。5G 是第五代移动通信技术的简称，是具有高速率、低时延和大连接特点的新一代宽带移动通信技术，是实现人机物互联的网络基础设施。5G 技术有代表性的头部企业包括华为、中兴以及三大通信运营商等。

相较于 4G，5G 具有以下三个特点：

首先，5G 的数据传输速率相比于 4G 又提升了 10 倍以上，基于网速的提升，超高清视频传输和虚拟现实的应用逐渐融入社会。

其次，相比于 4G 网络主要服务于人，连接网络的主要终端是智能手机，5G 时代下的产业互联网则致力于联通各行业，形成一个万物互联的时代。

最后，5G 技术也为对时延和可靠性具有极高指标要求的行业提供了技术支撑。

5G 的三大应用场景分别是增强移动宽带、海量物联、高可靠低时延连接。

增强移动宽带指的是在诸如赛场或音乐会等大型集会场景中，为用户提供极高的数据传输速率，满足极高的流量密度需求。通俗来说便是，哪都能上网，同时不但能上网，还很快，且高保真。

海量物联指的是 5G 强大的连接能力可以快速促进各垂直行业（智慧城市、智能家居、环境监测等）的深度融合。

高可靠低时延连接这类应用对时延和可靠性具有极高的指标要求，需要为用户提供毫秒级的端到端时延和接近 100% 的业务可靠性。而从目前的发展趋势来看，主要面向车联网、工业控制等垂直行业的特殊应用需求。

② 人工智能。人工智能（Artificial Intelligence，AI）技术就是研究如何使计算机去做过去只有人才能做的智能工作，比如学习、推理、思考、规划等，其核心技术包括深度学习、计算机视觉、自然语言处理和数据挖掘等。人工智能技术有代表性的头部企业包括商汤科技、旷视科技、依图科技和云从科技等。

深度学习就是使用算法分析数据，从中学习并自动归纳总结成模型，最后使用模型做出推断或预测。只要有充足的数据、足够快的算力，得出的结果就会足够准确。人脸识别可以说是当前深度学习最为成熟的应用。人脸识别，是基于人的脸部特征信息，进行身份识别的一种生物识别技术。用摄像机或摄像头采集含有人脸的图像或视频流，并自动在图像中检测和跟踪人脸来对检测到的人脸进行脸部识别的一系列相关技术。

计算机视觉是指计算机从图像中识别出物体、场景和活动的能力。比如，一些技术能够从图像中检测到物体的边缘及纹理，分类技术可被用作确定识别到的特征是否能够代表系统已知的一类物体。计算机视觉有着广泛的细分应用，其中医疗成像分析被用来提高疾病的预测、诊断和治疗；人脸识别被支付宝或者网上一些自助服务用来自动识别照片里的人物。同时在安防及监控领域，人脸识别也有很多的应用。

自然语言处理一般分析文本或音频数据，包括语音识别、语义分析、情感分析等。自然语言处理有着十分广泛的应用场景，包括搜索关键词联想、机器翻译、社交媒体监控、聊天机器人、智能语音助理、语法检查程序、电子邮件过滤等。

数据挖掘是对数据库中大量数据进行抽取、转换、分析和其他模型化处理，从中提取关键性信息。数据挖掘最主要的就是在统计上的应用了，基于用户的行为、属性（用户浏览网站产生的数据），通过算法分析和处理，主动发现用户当前或潜在需求，并主动推送信息给用户，例如电商网站的智能推荐。

③ 物联网。物联网就是使用各种传感器，把任何物品与互联网连接起

来，进行信息交换和通讯。物联网技术有代表性的头部企业包括华为、海尔智家、京东方等。

类比我们熟知的互联网，互联网是人与人之间的连接，用户能够通过随身携带的移动设备，不受时间与地理约束，接入互联网获取有用的服务与信息；而物联网就是物与物、物与人的连接，将物品接入网络，实现对物品的智能化感知、识别和管理。

物联网广泛应用于智能家居、智能制造等领域。

智能家居是物联网在家庭中的基础应用。简单来说，就是将家具联网，让用户可以使用智能设备对其进行操作和控制。

智能制造就是使用物联网技术赋能制造业，实现工厂的数字化和智能化改造。通过在设备上加装物联网装备，使设备厂商可以远程随时随地对设备进行监控、升级和维护等操作，更好地了解产品的使用状况，完成产品全生命周期的信息收集，指导产品设计和售后服务；而厂房的环境监控主要包括空气温湿度、烟感等情况的监测。

④ 大数据。大数据指的是所涉及的数据量规模巨大到无法通过人工在合理时间内实现截取、管理、处理并整理成为人类所能解读的信息。大数据技术就是对大数据进行收集、处理、分析的技术。大数据技术有代表性的头部企业包括华为、腾讯、阿里巴巴、中兴、小米等。

大数据具有 4V 特征，分别是：数据量大（Volume）、多样性（Variety）、价值密度低（Value）、速度快时效高（Velocity）。

首先是数据量大（Volume）。大数据中的数据不再以几个 GB 或几个 TB 为单位来衡量，而是以 PB（1 000TB）、EB（100 万 TB）或 ZB（10 亿 TB）为计量单位。

其次是多样性（Variety）。数据来源多，企业所面对的传统数据主要是交易数据，而互联网和物联网的发展，带来了诸如社交网站、传感器等多种来源的数据。数据类型多，并且以非结构化数据为主。传统的企业中，数据都是以表格的形式保存，而大数据中有 70% ～ 85% 的数据是如图片、音频、视频、网络日志、链接信息等非结构化和半结构化的数据。数据之间关联性强，频繁交互，如游客在旅游途中上传的照片和日志，就与游客的位置、行程等信息有很强的关联性。

再次是价值密度低（Value）。尽管企业拥有大量数据，但是发挥价值的仅是其中非常小的部分。

最后是速度快时效高（Velocity）。大数据对处理数据的响应速度有更严格的要求。实时分析而非批量分析，数据输入、处理与丢弃立刻见效，几乎无延迟。数据的增长速度和处理速度是大数据高速性的重要体现。

大数据广泛应用于医疗、商业等诸多领域。

医疗行业是让大数据分析最先发扬光大的传统行业之一。基于大数据平台可以收集不同病例和治疗方案，以及病人的基本特征，可以建立针对疾病特点的数据库。在医生诊断病人时可以参考疾病数据库来快速帮助病人确诊，明确定位疾病。同时这些数据也有利于医药行业开发出更加有效的药物和医疗器械。

零售行业的应用有两个层面，一个层面是零售行业可以了解客户消费喜好和趋势，进行商品的精准营销，降低营销成本；另一层面是依据客户购买产品，为客户提供可能购买的其他产品，扩大销售额，也属于精准营销范畴。另外零售行业还可以通过大数据掌握未来消费趋势，有利于热销商品的进货管理和过季商品的处理。

⑤ 云计算。云计算指的是通过网络"云"将巨大的数据计算处理程序分解成无数个小程序，然后通过多部服务器组成的系统处理和分析这些小程序得到结果并返回。云计算技术有代表性的头部企业包括阿里云、腾讯云、华为云、天翼云等。

云计算广泛应用于金融、制造、游戏等诸多行业。

金融云是利用云计算的模型构成原理，将金融产品、信息、服务分散到庞大分支机构所构成的云网络当中，提高金融机构迅速发现并解决问题的能力，提升整体工作效率，改善流程，降低运营成本。

制造云是云计算向制造业信息化领域延伸与发展后的落地与实现，用户通过网络和终端就能随时按需获取制造所需资源，进而智慧地完成其制造全生命周期的各类活动。

云游戏是以云计算为基础的游戏方式，在云游戏的运行模式下，所有游戏都在服务器端运行，并将渲染完毕后的游戏画面压缩后通过网络传送给用户。这种方式对用户终端的性能要求较低，意味着用户可以用较低配置的电脑流畅运行大型游戏。

⑥ 边缘计算。边缘计算是指在靠近物或数据源头的一侧，采用网络、计算、存储、应用核心能力为一体的开放平台，就近提供最近端服务。边缘计算技术有代表性的头部企业包括阿里巴巴、华为以及三大通信运营商等。

如图 1-1 所示，与云计算相比，边缘计算更靠近数据源，所以数据传输消耗更小，响应更即时，数据隐私安全和容灾性更有保障。

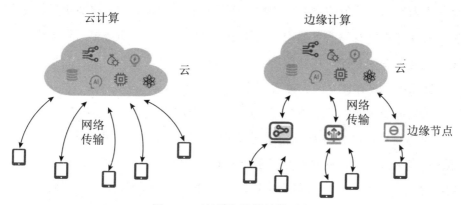

图 1-1 云计算与边缘计算对比

在实际应用中，边缘计算一般与云计算同时使用，形成"云—边—端"协同，最典型的应用场景就是车联网。

视觉摄像头、雷达、超声波、GPS 天线、方向盘、车轮等作为"端"，对道路信息、位置信息、距离信息等进行实时采集，由车内计算机作为"边缘计算"进行即时响应，当发现车道偏离可控制作为"端"的方向盘调整方向，发现压线了可预警提示。如果由"云"处理的话，数据传输链路太长且数据量巨大（据统计，一辆自动驾驶汽车每天产生 10TB 的数据），不仅成本高且计算效率大打折扣，难以应对道路上瞬息万变的交通风险。"云"的作用是收集响应历史数据以优化自身系统。最明显的一个改变是以前更新系统要去 4S 店，现在随时就能更新。这就是"端"收集数据，"边"做出分析判断，"边"将重要信息提供给"云"，"云"进行了迭代优化，将最新系统同步给"边"，由"端"执行指令。

⑦ 区块链。区块链是先进加密技术下的一种分布式的数据库，也可被称之为重塑传统商业逻辑与信任机制的"超级账本"。区块链技术有代表性的头部企业包括腾讯、蚂蚁集团、浪潮、百度、京东等。

区块链具有两大核心特点：一是数据难以篡改，二是去中心化。

一方面，数据难以篡改。如果要修改区块链中的信息，必须征得半数以上节点的同意并修改所有节点中的信息，而这些节点通常掌握在不同的主体手中，因此篡改区块链中的信息是一件极其困难的事。

另一方面，去中心化。区块链就是一个又一个区块组成的链条。每一个区块中保存了一定的信息，它们按照各自产生的时间顺序连接成链条。这个链条被保存在所有的服务器中，只要整个系统中有一台服务器可以工作，整条区块链就是安全的。这些服务器在区块链系统中被称为节点，它们为整个区块链系统提供存储空间和算力支持。

区块链最典型的应用场景之一就是区块链发票。

电子发票可以无限复制和重复打印，真伪难以识别，财务监管难度大，验证手段太过原始，这些都是发票场景的巨大痛点。区块链技术为解决这类难题提供了一条路径。对用户来说，区块链优化了手续烦琐的问题，"交易即开票，开票即报销"大大提升了用户体验；在企业层面，对比传统电子发票，区块链可优化无法批量查询发票真伪、开票成本高等问题；在税务局层面，则可以避免长期存在报销无状态、中心化存储、参与方割裂等问题。

（2）数字技术"量变"的积累带来了顾客价值创新的"质变"

特别需要指出，顾客价值创新的"质变"是在数字技术"量变"的基础上完成的。许多数字技术在刚提出的时候还没有很好的应用场景，随着其他技术的发展，多种技术结合使用带来了新的商业模式和顾客价值创新。从 20 世纪 50 年代人工智能提出，20 世纪 60 年代云计算概念提出，到 20 世纪 90 年代出现 2G 语音通信，各项独立发展的技术越来越多地交叉融合，从 CT（通信技术）、IT（信息技术）到 ICT（信息通信技术）体系再到 DICT（数据信息通信技术）体系。当前的数字化转型趋势，不再是应用某一种技术，而是围绕顾客价值创新的多种技术融合解决方案。具体方法我们会在第 4 章中具体介绍。

● 对企业的影响：技术从工具变为企业顾客价值创新的主导因素

数字技术聚变使得企业可以进入到数字化阶段，也就是信息化的高阶应用阶段，技术从单纯的生产工具真正成为企业顾客价值创新的主导因素，成为企业的核心竞争力，并贯穿企业业务的全生命周期。

下面以两个典型的行业演变为例，来感受数字技术聚变对企业的影响。

（1）汽车行业的演进：汽车正在演变为有着四个轮子的手机

数字技术聚变颠覆了汽车行业，重新定义了汽车行业的商业模式与核心竞争力。随着5G、物联网、大数据、人工智能等数字技术的发展，如今汽车正在从机械产品变成电子产品，正在演变成为有着"四个轮子"的手机。汽车正由人工操控的机械产品，逐步向电子信息系统控制的智能产品转变。

汽车的价值与企业的利润源于软件技术。传统汽车往往由硬件决定其基本性能，车企的收入也源于售卖汽车硬件。然而目前汽车领域近90%的创新来自软件，而不是机械系统。同时，汽车60%的价值来源于软件。以特斯拉为例，特斯拉能够不断降低整车售价的同时实现利润增长，正是依靠大量销售软件FSD（自动驾驶系统）。

数字技术成为车企的核心竞争力。汽车最核心的技术不再是发动机、变速箱等机械产品，衡量汽车的技术指标也不再是马力大小或者百公里加速，而是以人工智能为核心的数字技术。软件将取代发动机，成为评定汽车价值的关键因素，软件能力也正在成为汽车企业的核心竞争力。以特斯拉为例，特斯拉能够稳坐全球车企市值第一的宝座，市值远超传统车企与电动汽车同行，除了具有电动汽车先发优势外，最重要的原因就是其自动驾驶技术一骑绝尘，这也正是特斯拉的核心竞争力。

（2）通信行业的演进：中国移动新定位——要做"世界一流信息服务科技创新公司"

数字技术的融合创新，为中国移动从传统通信服务商转向信息服务科技创新公司、构建新型信息基础设施提供了有力支撑。中国移动将5G、算力网络、智慧中台融合互通，构成"连接＋算力＋能力"的新型信息服务体系，建设新型信息基础设施，促进了资源、要素的高效汇聚、流动和共享。

构建品质一流的5G网络，不仅面向个人，更面向行业，提供高速、移动、安全、泛在的"连接服务"。在企业生产方面，利用数智化赋能，打造安全可靠、性能稳定、服务可视的5G专网，同时深化9one平台布局落地，联合拓展5G行业应用，推进了物联网的融合发展；在服务生活方面，联合生态丰富数字产品，实施"数智生活＋"计划，发布"Top100品牌联盟"，升级泛智能终端全渠道销售联盟，共同提升用户信息消费体验，由卖手机、卖号卡向提供更多的数字生活服务产品转型；在治理建设方面，推广智慧城市，打造智慧社区等信息服务，不断强化5G在应对公共卫生、自然灾害、社会安全等事件中的应用，升级"网络＋"乡村振兴模式，促进了生产生活方式的绿色转型，强力赋能农业农村的现代化发展。

在打造新型基础设施方面，构建泛在融合的算力网络，打造一点接入、即取即用的"算力服务"。中国移动通过深化算力在物理空间、逻辑空间、异构空间的融通发展，推动网络从连接算力到感知、承载、调配算力，实现算力泛在、算网共生；通过融数注智，构建算网大脑，实现算网资源、能力的智能编排、统一管理；通过要素融合、算力整合，提供从"资源式"向"任务式"转变的一体化服务。通过算力网络，进一步推动信息服务能力升级、供给升级，推进算力网络在国家治理、社会民生、传统产业升级改造、国内国际市场拓展等更多领域落地应用，使算力成为像水、电一样，实现"一点接入、即取即用"的社会级服务。

最后是构建开放共享的智慧中台，输出统一封装、灵活调用的"能力服务"。中国移动打造的智慧中台能力服务体系，是应用软件、硬件设备、平台、规范标准、组织、流程、文化等一系列元素有机结合并形成的运行机制。截至2021年10月，该平台已汇聚233项共性能力、月调用量超90亿次。利用"业务＋数据＋技术"中台协同联动，支撑企业数智化转型，形成内部资源、产品服务、用户需求的正向循环。同时支撑社会信息的多维采集、海量分析、实时处理，助力提升生产生活、社会治理数智化水平。

1.3.3　数据驱动运营

数据驱动运营就是基于大数据、人工智能等新一代信息技术，通过商业数据分析和用户行为研究驱动企业运营、指导企业决策。为什么会出现这个现象？

（1）技术的进步为数据驱动运营提供了基础

决策是企业管理的核心内容，选择恰当的工具辅助决策更是企业决策的重中之重。数字经济时代，大数据、人工智能等数字技术蓬勃发展，为企业的决策者提供了最新的决策工具，为企业基于用户数据进行科学决策提供了基础。

（2）数字技术有益于运营，企业愿意使用

大数据、人工智能等数字技术十分适合应用于商业领域，一些企业发现了数字技术能够帮助企业进行更科学的决策，自然愿意使用。比如经典的生产决策，企业都想在产品正式生产前就知道最后能够卖出去多少。过去，企业只能进行拍脑袋决策，随便估计一个产量数字，或者假设该产品与企业曾经生产过的同类产品销量一致。现在，企业可以使用大数据、人工智能等数字技术，根据同类产品销量数据、产品预售数据、用户评价等变量构建一个产品销量预测模型，精准预测产品未来销量，而且可以根据销售数据进一步训练模型，让模型更加准确。

● 对企业的影响：从依靠管理人员经验的"模糊决策"到基于运营数据分析的"科学决策"

美国著名管理学大师赫伯特·西蒙（Herbert Simon）认为，管理即决策。他认为决策是企业做任何事情的第一步，即先要决定企业要做什么，然后才是怎么做。决策也是企业最复杂，同时也是最具风险性的核心管理工作。通用电气、阿斯利康这类世界 500 强公司特别重视科学管理和理性决策在公司运营中的重大作用。每年年底年初都会投入大量的人力、财力进行市场的统筹规划，这一关键业务运营程序通常称为运营系统（Operating System）或年度运营计划（Annual Plan）。

过去，企业只能依靠管理人员经验进行"模糊决策"，因此管理者的经验和对市场的认知水平非常重要。管理者自然知道运营数据的重要性。但是一方面，收集大量数据的成本太高、耗时太长，许多决策工作没有那么多时间和金钱可供消耗；另一方面，即使一些决策工作拥有充裕的时间、金钱，可以安排大量员工通过调查问卷、电话访谈等方法收集数据，企业也只能使用简单的统计方法分析数据、得出结论，很难完全挖掘出数据中的价值。

现在，企业可以基于运营数据分析进行"科学决策"。在数字技术的帮助下，现在的企业可以基于运营数据的分析进行更加科学的决策。有人工智能模型进行辅助决策，一个平庸的管理者短时间内做出的决策与一个高明的管理者深思熟虑后的决策没有什么不同。数字技术的应用能够辅助管理者进行决策，同时提高企业运行效率。

案例 1：Zume 比萨使用人工智能算法优化从生产到销售的决策模型

2018 年，一辆画着大幅比萨图画的卡车驶向软银集团总部，那是 Zume Pizza 最辉煌的时刻。软银 CEO 孙正义在参观了机器人在卡车上制作比萨的过程后，当即决定向 Zume 投资 3.75 亿美元，并给出了 20 亿美元的估值。一时间，Zume 变成了人们眼中"餐饮业的特斯拉"，代表了未来餐饮业的发展方向。

除了机器人辅助比萨制造，Zume 最大的亮点在于使用数字技术进行各种决策。

比萨产量决策。今天会卖出多少份比萨？需要事先购买多少原材料？不同时期、不同天气情况下，比萨的销量会不会变化？预测销量和原材料采购是餐饮业最大的难题，Zume 使用人工智能算法建立预测模型，可以精准预测不同时间、不同地区的销售情况，并迅速计算出相应的原材料用量。除此之外，人工智能算法具有强大的学习能力，可以收集每天的实际数据，并基于实际数据进一步迭代算法，使得预测效果越来越准确。

比萨车工作决策。每辆 Zume 的比萨车中有 50 多个由程序控制的电炉。通过这些密密排在车厢中的炉子，比萨车可以在送货途中烘烤存储在车厢中的生比萨，最大限度保证顾客能吃到刚出锅的比萨。而且，比萨车上的电炉是"上了云"的，可以实时与中心服务器进行数据交流。当 Zume 收到订单后，系统会自动匹配距离顾客最近的比萨车，然后对相应的比萨车发出指令，控制其电炉进行比萨的制作。这样，当驾驶员送货到门时，顾客能够享受到新鲜出炉的比萨。除此之外，Zume 还会使用人工智能模型，基于以往的比萨销售数据，安排比萨车前往销量高的地区，提前靠近潜在消费者。

案例 2：泡泡玛特基于用户数据进行开店决策和精准用户营销

2020 年年底，凭借售卖盲盒发家的泡泡玛特（POP MART）在港股正式上市，短时间内市值突破 1500 亿港元。2021 年，泡泡玛特实现营收 44.9 亿元，同比增长 78.7%；调整后净利润为 10.02 亿元，同比增长 69.6%。

盲盒并不是个新奇的玩法，IP 化运营也不是从未有人尝试，干脆面卡片、奇趣蛋，类似的模式早已出现。泡泡玛特能够如此成功、作为无可争议的"潮玩第一股"，数据驱动运营功不可没。

精准用户营销。借助阿里巴巴的云计算能力，泡泡玛特搭建了企业的数字化体系，将线上线下的客户消费数据整合到数据中台进行统一管理和分析。联通全渠道数据后，泡泡玛特基于数据中台更加清晰地识别出消费者的画像，提高了营销的精准性和效率。除此之外，泡泡玛特还以数字化推动业务创新和增长，如通过数据挖掘潜在用户，以及和天猫合作进行新品开发。

科学开店决策。泡泡玛特在国内的销售渠道主要分为：零售店、线上渠道（泡泡玛特抽盒机、天猫旗舰店、京东旗舰店、其他线上渠道）、机器人商店、批发及其他。其中，零售店是最大的销售渠道，营收占比约为 37%。零售店的选址是吸引顾客的关键，在具体操作时，泡泡玛特先广泛开设成本较为低廉的机器人商店，然后根据机器人商店的销售数据，在销量高的热门地区开设直营门店，近距离接触消费者。

1.3.4　产业边界突破

产业边界突破，也可以有个有趣的别名叫"跨界打劫"，就是企业不再满足于本行业的市场，跨界进入其他行业，并通过数字技术为用户提供更好的服务，借此击败竞争者。

数字经济下的竞争，表现为颠覆式创新下的替代式竞争。掌握着用户及海量数据的平台企业有能力随意跨界进入众多不相关领域，与其他行业的企业展开颠覆式创新下的替代式竞争，由数据技术驱动的"跨界打劫"现象层出不穷。为什么会出现这个现象？

（1）企业都有不断寻求增长点的内生动力

所有企业都渴望基业长青，能够保持增长。中小企业可能还在生死线徘徊，最大的目标就是保证企业能够活下去。成熟的大企业则希望能够保持企业的高速增长，只有保持高速增长才能保证企业的高市值。然而原有业务的增长总会走到尽头，企业若还想保持高速增长，只能不断寻找新的增长点，不断进军新的产业。

（2）技术成熟是推动"产业边界突破"的外部因素

由于对其他行业不够了解，过去的企业想要进行跨行业竞争比较困难。而在数字经济时代，"跨界打劫者"可以依托自身先进的技术实力，利用数据技术对传统业务进行改造升级，有了数据技术的助力，新的业务模式更高效、更精准，自然会有更好的客户体验，获得更大的利润。

● 对企业的影响：赢家通吃，不增长即死亡

（1）从"守方"角度来看：金融、家电、零售等行业都受到了"打劫"

① 金融行业。过去人们存钱在银行，投资靠银行的理财产品，出门消费最方便的方式是刷银行卡，超前消费靠银行的信用卡。现在人们开始在余额宝和微信钱包中存钱，投资理财用支付宝和腾讯理财通购买基金、股票，出门消费使用支付宝、微信扫码支付，超前消费使用花呗、借呗。真正威胁银行的不是其他银行，而是阿里巴巴、腾讯这些互联网企业。

② 家电行业。中国三大家电巨头海尔、美的和格力，它们担心的不再是

竞争对手抢占自己的市场份额，而是担心像小米这样的互联网企业通过贴牌生产各种家用电器强势争夺市场份额。小米依靠 C 端的海量用户和长年积累下来的良好口碑，在保证质量和价格优势的前提下，大量贴牌生产各种家用电器，而用户基于对小米产品"物美价廉"的信任也愿意为之买单。除此之外，小米还全力打造智能家居生态，使用物联网、云计算等信息技术赋能传统家用电器，为用户创造更大的价值，提升用户的黏性。

③ 零售行业。新零售的崛起，使得传统零售店、餐饮店都紧张起来，它们的生意正被盒马鲜生这些新零售公司快速蚕食。盒马鲜生借助线下吸引顾客、线上下单配送的流量模式创新，推动零售产业链转型升级。盒马鲜生打造多元化消费场景，将仓库和店铺融为一体，相比传统零售店仓储店铺分开的设计，大大降低了存货成本和货物的周转成本。除此之外，盒马鲜生背靠阿里巴巴，依托阿里巴巴发达的供应链和物流体系，可以去除中间商，低成本地将优质产品送到顾客手中。最重要的是，盒马鲜生充分使用数字化技术辅助运营、销售等环节，有效提高了各个环节的工作效率。

（2）从"攻方"角度来看：聚集了大量线上客户资源的企业，需要不断渗透各个行业寻找增长点

近些年来，阿里巴巴、腾讯等企业为了寻找新的增长点，不断寻找进入各个行业的机会。根据企查查大数据研究院推出的《2011—2020 年阿里巴巴投资数据报告》，阿里巴巴这 10 年内总投资额达 8 276.9 亿元，其中独立投资占比高达 34.1%。独立投资是指只有一个投资主体，没有其他人参与的投资方式。业内普遍认为，相较于腾讯投资更倾向于战略入股的策略，阿里巴巴更偏爱全面并购，在投资中占有更多话语权，34.1% 的独立投资事件占比数据也充分印证了这一点。

本身就是电商平台的阿里巴巴，并没有过多投资其他的电商平台。从投资项目行业分布来看，阿里巴巴在企业服务、文化娱乐、电商、交通出行、金融和物流快递这六大细分行业中的投资活动最为频繁。企查查数据显示，阿里巴巴在这六大细分领域内先后发起 371 起投资，累计披露投资金额达 5 600.13 亿元，是总投资金额的 67.13%。

1.3.5　管理运营创新

管理运营创新就是从组织结构、营销模式、生产模式、产品设计、研发模式和用工模式这六个方面进行的企业内部管理创新，以便提高企业的生产效率，保证企业的增长。为什么会出现这个现象？

数字经济时代，面临更为复杂的经营环境，企业的管理者遇到了增长失速、管理失衡、市场失焦、营销失语和系统失灵等问题。为了解决这些问题，企业必须进行管理运营创新。

①增长失速。企业增长的速度降低。

②管理失衡。企业做的事情很多，却不知道哪些事情可以真正为企业带来增长。

③市场失焦。客户是谁，客户在哪里，客户喜欢什么，客户体验如何，客户如何反馈，生产什么，生产多少，采购多少，这些都不清楚。

④营销失语。不知道营销对谁讲，在哪儿讲，讲什么，如何讲，效果如何。

⑤系统失灵。生产、财务、库存、新品开发速度跟不上业务发展的需要。

● 对企业的影响：企业进行内部管理创新

数字经济时代，替代式竞争愈发普遍。市场在不断淘汰低效企业的过程中实现更新与升级。海量数据为企业业务流程的优化以及标准化提供了条件，同时也加剧了市场竞争，增加了维持竞争优势的难度。与那些仅将数字技术作为办公工具的企业相比，能够将数字技术用于提高核心竞争力的企业在市场竞争中往往获得更多的竞争优势。随着数字化技术在企业运营中的全面应用，企业势必需要对内部的各项职能活动做出适应性调整，进而不断提高价值创造与供给的效率。

（1）组织结构：网络化、扁平化

工业经济时代，不管是直线制、职能制还是事业部制、矩阵制，企业组织结构都像金字塔般一样，呈现垂直化、科层制、等级制的特点，在应对外部环境变化、资源配置等方面缺乏足够的灵活性。

数字经济时代，数字技术的广泛应用强化了企业内部的数据共享，使得管理者可以及时了解一线情况并且配置相应资源。随着消费者对实时性体验的追求不断增强，企业各职能部门之间需要加强配合、协作共赢，并能对市场需求做出即时响应，这就导致了组织结构趋于网络化、扁平化。

数字经济时代的市场竞争更加激烈，企业唯有加强对市场需求的即时响应，才能在瞬息万变的市场中把握先机。然而工业经济时代垂直化、多层级的组织架构过度依赖于总部的中央管控，缺乏灵活的应变机制，不再适宜现在的市场情况。而网络化、扁平化的组织结构能够以用户为中心，基于小型团队的分散化决策以及更广泛的连接与集合，能够加快信息的交换与决策的制定，成为企业内部组织结构转型的最优方案。

（2）营销模式：精准化、精细化

数字经济时代，市场上充斥着大量的数据和信息。信息的丰富导致消费者对单个产品的注意力匮乏，信息过载降低了消费者从产品中获得的使用价值。工业经济时代的粗放化营销模式在满足消费者个性化需求方面速度慢、时间长、成本高，越来越难以适应市场的变化。数字经济时代下，企业的营销模式必须更加精准化、精细化，在详细地了解用户需求的变化后，切实提供他们真正需要的产品、服务，减少信息噪声。其中一个非常重要的方面，就是为用户打造独特、便捷的使用体验。精准化、精细化营销运用到极致就是像淘宝、京东等电商平台那样，基于收集到的海量用户行为数据，给每一个用户都画一幅"用户画像"，然后针对每一个用户都会进行个性化推广和营销。

（3）生产模式：模块化、柔性化

精准化、精细化的营销模式倒逼上游的生产体系发生变化，模块化、柔性化生产模式应运而生，进而逐步替代了工业经济时代的单一性、批量化生产模式。为了满足消费者的个性化、多样化需求，企业的生产线必须具有快速调整的能力。模块化、柔性化的生产使得企业能够更为灵活地生产用户需要的产品，生产模式从传统的大规模生产转变为个性化定制。比如上汽大通采用 C2B 模式，基于数字技术构建了数字化运营体系和数字化营销体系，推出用户确认、在线互动、众智造车、随心选配、个性创造、自选服务、安心置换等定制化业务，打造全生命周期的数字化场景体验，实现用户对产品生产活动的全程在线参与。

（4）产品设计：版本化、迭代化

柔性化生产与个性化定制强化了企业和消费者的连接，企业对消费者需求的快速反应有也进一步加快了产品的更新换代，缩短了产品的生命周期。

工业经济时代，企业的产品设计是从消费者的需求出发，追求各方面完美的产品，这种方式对于用户需求的响应速度明显不足。

在数字经济时代，市场竞争激烈，产品生命周期短，企业过度地追求完美的产品反而会贻误最佳时机，降低市场竞争力。"人无我有，人有我优，人优我廉，人廉我快，人快我转"。数字产品更新速度快，往往是迅速上线，小批量测试，然后根据用户反馈结果进行调整。如果好就继续推，如不好就先改再推。微着力，微创新，快速迭代永不休，先推出来一批产品再修改。在这个企业竞争白热化的数字经济时代，如果一家企业还幻想着将产品修改至完美再推出，当产品终于面世时，就会发现市场上充斥着竞争对手推出的许多同类产品，再也没有自家产品的生存空间了。

比如谷歌自 2008 年 9 月谷歌公布 Android Beta、Android 1.0 版系统到现在，历经诸多版本迭代，许多手机甚至都来不及更新换代以支持新版本的操作系统。如此快的迭代，令许多合作商应接不暇，谷歌就在合作商之间引入迭代竞争，迫使他们不断更新产品，从而在短时间内超越了苹果 iOS 系统。

（5）研发模式：开放化、开源化

传统的封闭式创新模式在市场需求趋同、信息相对有限的情况时具有优势，但是在面对消费者个性化、多样化的需求以及应对不确定性方面存在不足。数字经济时代下，任何企业都不具备在所有领域全部保持领先的能力。因此，创新不再仅是企业内部的"闭门造车"，而是整个生态的协力并进。比如 Linux 操作系统向全球开放源代码，允许全球各国的程序员在原始系统的基础上进行修改、研发与测试，提高产品质量和性能。正是凭借汇聚全球爱好者的共同努力，Linux 操作系统被广泛地应用于各类计算机硬件设备中，成为程序员们最喜欢的操作系统之一。

（6）用工模式：多元化、弹性化

工业经济时代，企业的用工模式表现出直接雇佣、刚性化的特点，这种模式为企业带来了高额的人工成本。数字经济时代，互联网技术的发展使得企业与劳动力之间能够快速匹配，二者之间可以建立短期、灵活的项目契约关系。劳动者不必拘泥于传统组织的束缚，企业也能够按需招聘、降低人工成本、提高创新能力。这种新的用工形态较好地迎合了高技术劳动力的工作偏好，被称为零工经济。比如美的这几年一直在从事人才更新的工作。截至 2019 年 1 月，他们科技人才的比例达到了 70%，博士数量从 20 个增加到 500 个，但是美的外部研发人员已经有几千个，同步实现了内部人才和外部人才的同时更新，内部走向高端化，外部走向虚拟化和灵活化。

1.3.6　总结

综上所述，数字经济时代与传统经济时代不同，市场竞争更加激烈、消费者需求更加多样化、产品迭代更加迅速。市场上出现了消费者主权崛起、数字技术聚变、数据驱动运营、产业边界突破和管理运营创新等诸多新趋势，企业需要准确把握新趋势，及时调整企业战略，方能在瞬息万变的市场中保持竞争力。

这也就是本章目的之所在，洞察环境变化是重构战略的第一步，对环境有了认知，接下来就可以去寻找我们在环境中的立足点。下一章，我们就来看看在数字经济时代，企业成功的关键要素有哪些。

参考资料

[1] 上汽大通十周年回看：从 0 到 50 万从中国走向世界 [EB/OL].https://news.yiche.com/hao/wenzhang/56726491/.

[2] 世界经济历史时间轴：2000 年来的人类历史重大经济事件 [EB/OL].https://baijiahao.baidu.com/s?id=1646541352151629316&wfr=spider&for=pc.

[3] 何伟 . 数字经济发展趋势与政策展望 [EB/OL].https://www.jiemian.com/article/6516690.html.

[4] 中国信息通信研究院 .2021 年全球数字经济白皮书 [R].2021.

[5] 全球及中国数字经济市场格局分析：发达国家领先地位，中国等亚洲国家增速较快 [EB/OL].https://www.sohu.com/a/555203555_120700738.

[6] 戚聿东，肖旭.数字经济时代的企业管理变革 [J].管理世界，2020，36(06)：135-152+250.DOI:10.19744/j.cnki.11-1235/f.2020.0091.

[7] [美]卡尔·夏皮罗，哈尔·R.范里安.信息规则：网络经济的策略指导 [M].孟昭莉，牛露晴，译.北京：中国人民大学出版社，2017.

第 2 章

战略洞察：

数字经济下的企业成功关键要素

A Roadmap for Achieving

Digital Growth in

Business

　　如同生物进化理论一样，环境的变化会导致一部分物种灭绝，也会有一部分物种通过演化生存得更好。我们对那些成功"演化"的企业做了调研，总结出了数字经济下的企业成功的五个关键要素：数字技术赋能、顾客价值主张、顾客价值创新、组织边界突破和生态系统演进。下面我们逐一阐述这些关键要素到底是什么，又为何它们会是数字经济时代企业成功的关键要素。

2.1　数字技术赋能

　　数字经济时代，企业发展肯定是离不开数字技术的赋能。

　　数字技术赋能，即利用信息技术，实现企业技术和业务能力的从无到有、从弱到强。这一过程中运用到的关键技术主要包括：物联网、云计算、大数据、人工智能等。

　　数字技术对赋能企业高质量发展显然是具有重要作用，其赋能逻辑也值得深究。具体来说可以归纳为"连接—挖掘—优化、管控—增效"，其作用机制分别是改变价值创造方式、提高价值创造效率、拓展价值创造载体和增强价值获取能力[1]。

　　也就是说，数字技术赋能企业的作用可以归纳为四点：

　　第一，打破用户与企业间的信息壁垒，帮助企业深度挖掘用户需求价值，有效支撑企业的创新效率。

　　第二，疏通从生产到数据，到运营管理，再反馈给生产的过程，将处理过后的数据应用到生产环节，提高要素的生产效率。

　　第三，在数字价值网中，上下游企业通过资源、信息共享，集中能力于优势环节，外包短板，优化资源配置。

　　第四，数字经济下的新型产业生态弱化了产业边界，有利于企业开发多样性的商业模式，有效提高企业的价值获取能力。

下面通过两个案例，来看看在数字经济时代，企业如何借助数字技术赋能实现发展。

2.1.1　美的楼宇数字化平台——赋能灵活多样的行业解决方案

美的楼宇科技事业部成立于 1999 年，前身是美的中央空调事业部。作为美的集团旗下负责楼宇产品、服务及相关产业的经营主体，以楼宇数字化服务平台为核心，打通楼宇交通流、信息流、体验流、能源流，为用户提供智能化、数字化、低碳化的楼宇建筑整体解决方案。业务范围涉及暖通、楼宇控制、电梯、能源四大板块。产品覆盖多联机组、大型冷水机组、单元机、机房空调、扶梯、直梯、货梯等以及楼宇自控软件和建筑弱电集成解决方案。

数据中台是数字化转型的法宝，作为我国制造业龙头的美的集团想要实现自我更新，在全球制造行业内更上一层，借力数据中台，打通数据流转渠道，实现企业运转降本提效成为必不可少的条件。美的楼宇科技数字化平台，通过打造 1 个技术中台 + 业务、数据、算法、知识多个服务中台，形成一整套楼宇行业数字化平台，实现事业部各业务链条支撑，核心专业能力提升，共同赋能灵活多样的系统行业解决方案。

（1）组织架构：四个层面组成 MIoT 底层基础架构

目前，美的大数据平台已经实现了全周期、多渠道价值链覆盖，其中 MIoT 工业互联网平台是支撑美的楼宇科技业务线的底层基础架构，包含四个层面的能力，由下至上依次是能力层、应用层、商业层和产业层，层层支撑。

① 能力层收集数据。能力层，美的工业互联网的最底层，是收集基础数据驱动中台运转的一层，具备支撑数据中台所需要的基础能力和设施。包括物理架构基础的设备层和程序基础的边缘层协议、数据载体（云设备）、服务器平台（PaaS）等，是所有数字化的底层基本载体。

② 应用层、商业层汇集信息。应用层，是将基础能力和设施实际运用到营销、研发、制造、企业管理等系统程序中的一层，通过数据信息融合，支持上层操作平台和信息平台。从整体职能分工上来看，具有"类中台"的功

能。依托美的多年企业经营与管理经验不断发展壮大，是美的工业互联网的传统优势层。

商业层，是 MIoT 向企业高层决策者提供商业战略的进阶工具层。应用层的各个子系统同时为商业层赋能，基于美的价值提升、创新模式、降低成本等主要战略，分解细化到若干战术目标和业务运营管理范畴。目前，美的已经构建起由美云智数、安得智联、库卡中国、美的机电事业群合康新能、美的暖通与楼宇、美的金融、美的采购中心、美的模具八大成员组成的美的商业云生态，产业链体系仍在不断延伸。

③ 产业层提供解决方案。产业层，是基于数字核心的系列功能，应用于实际行业市场中的落地解决方案，也是 MIoT 数字应用工具结合各行业需求，帮助其进行智能迭代而形成的新业态。目前，美的云为自有家电业务提供大数据支持的同时，跨行业为汽车制造、酒类和食品加工等行业提供信息服务，积累了大量跨领域服务经验。因此，美的工业互联网在智能制造产业中具备广阔发展空间，可以充分带动产业智能化更新迭代，发挥行业标杆的社会价值。

（2）核心方法论：软硬一体化，提供数智建筑解决方案

美的楼宇科技的数智融合战略以数字化平台为核心，以自有产品及业务为优势，连接其他楼宇生态设备，为包括智慧轨交、智慧医院等在内的行业多维应用场景提供价值赋能，构建面向楼宇生态交通流、信息流、体验流和能源流的完整端到端解决方案。基于美的楼宇科技在暖通、数字化、智控和制造方面的先进技术基础，美的楼宇科技数字化平台在楼宇科技链条中占据核心位置，聚焦建筑楼宇，打造"美的 LIFE 数智建筑"解决方案，把场景体验、服务体验、能效管理、健康环境、安全保障等与建筑全生命周期的数字化服务相互融合，并衍生出"LIFE 低碳解决方案""LIFE 数智轨交解决方案""LIFE 数智园区解决方案"和"LIFE 智慧医院解决方案"。从云端到边缘，为全行业合作伙伴提供包含暖通设备、电梯、楼宇自控、边缘计算、云服务、Saas 应用等在内"软硬一体化"多场景多维度数字化服务。

（3）效果呈现：赋能低碳建筑生态，助力产业数字化升级

① 应用先进技术，带动上下游协同发展。美的楼宇科技数字化平台把

前沿科技同楼宇内部互联互通，将数据智能专业知识与楼宇智控、电梯等行业知识深度融合，为建筑注入智慧基因，助力产业数字化升级的同时，激发经济潜能。依托美的楼宇科技在产品、能源、研发技术到智慧物联网领域的领军优势，"LIFE 低碳解决方案"实现了从供能侧到消费侧的全面拉动，应用大量节能减排技术，带动了美的楼宇科技上下游产业的协同发展、共同进化。而合作伙伴反馈的行业信息又不断完善着数字化平台的数据库，反向拓展着美的楼宇科技事业部的商业版图。

② 数字化赋能，共创绿色生态。美的楼宇科技数字化平台通过数字化赋能智慧社区、智能医院、智慧工厂、智慧机场等不同行业场景，力求为用户营造风险可预知、高品质、高效率、会思考的生活氛围。同时，一场以"绿色制造"为核心的绿色全球供应链革命正在美的内部进行着。美的楼宇科技解决方案与交付总监杨鹏宇表示，美的正在积极赋能中国重点产业的低碳转型，携手各方伙伴，共创绿色生态。目前在建筑领域的绿色方案也正在向工业园区、轨道交通、商业综合体乃至医院等更多元的应用场景延伸。实现从高效设备到就地控制，再到数字云，构建环境友好型智慧楼宇，打造更加绿色的低碳场景，助力"双碳"目标早日达成。

- 总结：数字技术赋能是美的楼宇在低碳建筑行业成为行业引领者的重要因素

通过数字技术赋能，美的楼宇科技事业部实现了全周期、多渠道价值链覆盖；通过建立数字化智慧场景，楼宇科技事业部得以赋能合作伙伴，共建环境友好型绿色生态。凭借数字化转型，美的这样庞大的传统制造业企业得以重展旗帜，发挥领导能力，帮助合作伙伴实现数字化突破，共创价值。

2.1.2　阿里巴巴数据中台——实现全域数据和业务全流程打通

阿里巴巴集团控股有限公司，是一家以提供互联网服务为主要业务的综合企业。阿里巴巴的服务范围包括 B2B 贸易、网上零售、购物搜索引擎、第三方支付和云计算服务，旗下淘宝网和天猫两大招牌业务线在 2015 年时商品交易总额已经超过 3 万亿元人民币；2019 年 11 月 26 日，阿里巴巴集团在港股上市，总市值超 4 万亿港元，登顶港股成为"新股王"；2020 年 8 月，阿里巴巴集团港股总市值首次超过 6 万亿港元，是全球最大的零售商。

阿里巴巴数据中台启动于 2015 年 12 月，彼时阿里巴巴正被业务线繁杂、数据烟囱林立、数据指标众多所困扰。2014 年前，阿里巴巴的业务线由不同的 ETL 开发团队提供数据支持，每个 ETL 团队采取的数据库建设方法不同，形成了相互独立的数据基础层、中间层和应用层。烟囱式的数据系统不仅开发周期长、效率低，重复的建设也导致任务链冗余、浪费研发人力和计算储存资源等问题出现。无法满足业务需要的同时，命名不规范、口径不统一、算法不一致带来的数据不标准问题给业务线造成巨大困扰。以常见的商品交易总额（Gross Merchandise Volume，GMV）指标为例，集团内部关于 GMV 的指标和定义高达 20 多个，"最近一天下单金额"和"最近 7 天支付金额"两个完全不同的概念，却都是 GMV 的指标。这些指标的指向数据不同，但是业务人员看到的都是 GMV。混乱的数据结构，给管理层、业务团队、商家和"小二"带来数据上的混淆，给企业带来人力、机器等资源上的浪费。

随着数字经济的突飞猛进，阿里巴巴业务板块不断做大，业务诉求不断提高，面临着严重的数据处理成本过高问题，急需数据中台统一全集团指标，打破"数据孤岛"，缩减业务线数据处理成本。

2015 年 12 月 7 日，阿里巴巴正式宣布组织架构升级，全面启动 2018 年中台建设计划。依靠简明高效的中台战略体系，阿里巴巴短短几年内就成为电商行业的霸主，尤其是数据、技术、业务三中台中的数据中台，产生了不可估量的价值。阿里巴巴将传统的树状结构调整成网状结构，打乱细分的 25 个事业部，根据部门具体情况将能够为业务线提供基础技术、数据支持的部门整合为"大中台"。通过打造符合时代需求的更加创新灵活的"大中台、小前台"数字机制，阿里巴巴数据中台向上可以赋能业务前台，向下与统一的数据接口相连，打通数字壁垒，将整个集团的数字化信息融为一体，拉通上下游，有效提高了集团信息流通速度与企业经营效率。

（1）组织架构：统一全域数据，实现深度加工

阿里巴巴数据中台架构以中间三层数据中心——垂直数据中心、公共数据中心、萃取数据中心为核心，由下至上，层层支撑。

垂直数据中心，主要负责数据采集和接入，将淘宝、天猫、聚划算、盒马等来自不同业务单元的数据抽取到计算平台，在清洗和结构化处理后形成垂直数据中心。

公共数据中心，在垂直数据中心已采集数据作为原料的基础之上，采用维度建模的方式，以业务过程作为粒度切分，处理成不因业务特别是组织架构变动而轻易推翻的数据中间层，由数据明细层和数据汇总层共同构成。

萃取数据中心，根据公共数据中心建设基于业务的消费者数据体系、企业数据体系、内容数据体系等。更进一步以客观业务实体（如人、货、场、企业等）为对象，围绕其建立起以统计指标、标签、关系等数据为主的数据体系，作为直接面向业务的萃取数据中心。

经过三层深度加工后，数据就可以被产品、业务所用，通过统一的数据服务中间件"OneService"提供统一数据服务，发挥自己的价值。数据中台模式通过实践形成了统一全域数据体系，采集与引入全业务、多终端、多形态的数据，降低计算存储成本，提升响应业务效率，为业务快速创新提供坚实保障。

（2）核心方法论：统筹数据迭代，实现架构更新

数据中心为阿里巴巴的数据资产体系奠定了基础，但垂直数据中心和公共数据中心都可以在数仓建模中找到对应的架构，似乎并无太多先进之处，看起来似乎每一个互联网公司都可以做到。那么阿里巴巴作为国内数据中台的发端企业，其核心竞争力又是什么呢？答案就是"方法论"。

阿里巴巴在建设自身数据中台架构的同时，花费大量精力对其数据架构、技术、流程、组织等实践形式总结出一套完备的方法论，作为数据中台不断迭代的指导性理论，也是其核心方法论——OneData。以"业务板块＋业务过程＋分析维度"为构建框架，实现业务数据指标统一，包括 OneModel、OneID、OneService 三个部分。

OneModel 数据资产构建与管理，是用于指导数据采集、数据建模、数

据开发的规范性方法论。数据定义规范化，负责保证数据质量，把控数据安全；技术内核工具化，着重建模研发、梳理数据血缘和数据资产治理；元数据驱动智能化，致力于智能化规划和优化计算和存储。

OneID 实体打通和画像，是用于指导打破部门墙的数据连通，在业务对象层面形成直接面向业务的数据体系规范性方法论。基于超强 ID 识别技术驱动数据连接，实现标签高效生产；通过业务驱动将技术价值化，打破"数据孤岛"，提高数据质量，提升数据价值。

OneService 逻辑化服务，是用于指导如何提供数据服务，包括质量安全、资产管理、数据交换、组织协作等流程的规范性方法论。主题式数据服务，主题逻辑表屏蔽复杂物理表；通过"一般查询 + 在线分析 + 在线服务"三步走策略，提供统一但多样化的数据服务；屏蔽多种异构数据源，实现跨源数据服务。

在 OneData 方法论的统领之下，阿里巴巴可以提升企业内部信息流转效率、协同效率，做到快速决策，基于大数据技术驱动，迅速呼应市场化、用户体验化。同时也为其对外输出解决方案沉淀了经验，提供了巨大帮助。

（3）效果呈现：赋能前中后台，对内提升效率，对外提供解决方案

数据中台可以帮助企业实现数据的标准化、服务化、资产化和智能化，打破数据孤岛，促进业务创新，沉淀数据资产，最终形成完整的数据大脑。

阿里巴巴通过部署数据中台，对集团内共享业务单元提供支撑，实现数据在企业各个业务部门间的透明流动，对各业务线提供服务化能力输出，赋能前中后台工作人员，提供数字化的工具、应用和数据服务，帮助工作人员提升工作效率。前台人员面向客户以及终端销售者，可以快速获取消费者和商品的数据，给客户提供相关专业服务从而创造利润及价值。中台人员可以自主完成数据提取、报表制作和简单的应用开发，为前台的业务开展提供支持。后台人员通过分析数据，进行前瞻性预判，做好长期战略设计和市场培育，提供未来长期性支撑。

在达成企业运转提效的同时，阿里巴巴致力于对外提供云解决方案，形成以自己为主导的生态系统。阿里巴巴数据中台既可以赋能内部前台（淘宝、天猫等），也可以赋能生态圈共生企业（淘宝卖家）和其他客户，给商

家和生态链企业赋能的同时也增加了二者与平台之间的黏性。阿里云数据中台，是阿里巴巴搭建的数据开放平台，外界企业均可以基于该平台数据开发数字化应用。其核心产品 Quick BI 无缝对接各类云上数据库和自建数据库，零代码鼠标拖拽式操作，让用户能一键轻松实现海量数据可视化分析，扭转了企业重度依赖专业数据分析人才的局面，赋予一线业务人员智能化的分析工具，真正地做到了"数据化运营"，让数据产生价值。

● 　总结：数字技术赋能是阿里巴巴整合全集团数据资源，提升业务效率的关键要素

在集团面临数据命名不规范、算法不一致等问题时，阿里巴巴取长补短引入数据中台概念，构建全域数据中心，统一数据埋点采集、统一数据模型、统一数据管理与服务，实现全域数据和业务全流程的打通与连接，实现了数据的综合治理，提升了数据安全性、数据质量，降低了资源消耗和人员成本。

2.2　顾客价值主张

顾客价值主张，即企业深入挖掘顾客真实需求，并致力于通过生产经营活动为顾客带来利益的经营观念。顾客价值主张在实际消费活动中，往往体现在影响顾客选择产品或服务的几项关键指标上，通常包括产品质量、价格、售后服务等方面。

为什么顾客价值主张会是数字经济时代企业成功的关键要素？因为随着商品市场的丰富、互联网的出现，消费者拥有极大的对比与选择空间，顾客可以在对多种产品进行充分了解后再做选择，其认知与转换成本的大幅降低，使得消费者在与企业的博弈中占据主动，也就是消费者主权的崛起。如今企业获客成本越来越高，如 WPP 集团的数据显示，电商广告投放的千人成本从 2015 年的 35 元剧增到 2018 年的 100 元。现在私域流量运营已被越来越多的企业重视，只懂得宣传引流，不懂得留存客户的企业将最终被快速

变化的环境和高额的获客成本压垮，而留存客户的核心就在于有效地建立顾客价值主张。

2.2.1　京东营销360——识别、触达、转化三步挖掘顾客价值

在数字经济时代的大背景下，流量玩法五花八门，互联网用户的触媒时间日益碎片化，零售品牌吸引顾客视线的难度也同样与日俱增。据 Quest Mobile 发布的细分行业软件用户使用时长显示：信息时代，用户的注意力已经被短视频、即时通信、效率办公等多个板块瓜分，五花八门的网络信息影响着消费者的购买决策。如何在数十亿的互联网人群中找到潜在顾客，跨越圈层为企业带来全新的营收增长点，是数字经济时代的重要课题。

随着市场需求的快速转变，品牌要想跨越历史洪流，屹立于浪潮之巅，就要求企业对于客户群体以及数据决策有更加实时精准的把控。无数已经突破数字化瓶颈，成功"进化"的公司的经验表明，借助数字技术赋能是品牌精准挖掘潜在顾客、扩大用户层面、提高营收效益、完成商品价值转化的有效方式。

比如京东在 2019 年基于其互联网销售模式运营经验，发布了一款基于大数据、智能技术重构营销的全域营销提效平台——京东营销360，也在一定程度上代表了数字化零售的模式。

下面从零售的三个关键环节"识别、触达、转化"来看下数字化零售的价值创新。

（1）精准识别：整合人货场营销"铁三角"，确定靶向人群拉新

识别，就是从茫茫人海中找到品牌和商家的目标用户。这一步的关键，在于对用户的洞察，而背后靠的是数据。互联网平台自身积累了数亿活跃购物用户的海量真实数据，与其他平台的合作（如京东和腾讯的合作），更进一步打通了社交、视频娱乐、资讯阅读等多个场景的用户数据，同时再结合品牌自身的第一手数据，构建起了营销的大数据生态。基于这样的用户数据基座，可以更立体、完整、精准地为用户画像，从而更好地识别用户。

例如，某手机用户想做跨品牌拉新，京东营销360经过分析发现其与

Beats 耳机有非常强的关联，这样该品牌就可以对购买过 Beats 耳机的用户进行广告投放，最终实现很好的拉新。老客的维护也需要很好的识别能力，京东营销 360 有一个 R.F.M. 模型，通过一个用户的近期购买行为、购买的总体频率以及花了多少钱这 3 项指标将用户分为 8 类，然后实施有针对性的营销策略。

（2）有效触达：实现全渠道、全场景的用户智能触达

识别出目标用户后，就需要高质量的场景触达。具体来说，就是要高效占领传播渠道和用户触达场景，充分强化消费者在这些特定营销场景中的品牌认知，激发用户心智中品牌意识的觉醒。在触达阶段，全渠道和全场景就扮演了重要角色，因为只有覆盖全渠道和全场景，才具备触达用户的基础。

全渠道，是线上和线下渠道的资源共振。互联网平台擅长整合资源，连接渠道。线上通过广告联盟等平台进行分发，线下连接如社区梯媒等末梢。全场景，是全渠道所带来的用户场景全覆盖。最近这些年，"场景革命"是一个关键热词。场景就是用户使用产品的一个个典型场合，在移动互联网时代，用户场景日益分散化。品牌和商家要想很好地触达用户，就要尽可能覆盖用户的更多场景。

以用户线下场景的触达为例。相比线上可以基于数据进行精准投放，线下投放一直比较粗放。京东营销 360 支持借助基于位置服务（Location Based Services，LBS）功能，在地图上对资源点位进行可视化呈现，让广告主可以多维度进行人群筛选。而且，在选定资源位后，广告主还能对覆盖的潜在客户进行投前预估。由此，京东营销 360 可以实现线上与线下的全场景营销投放，帮助品牌和商家最大程度实现用户精准触达。

（3）高效转化：可以衡量就可以优化

百货业之父约翰·沃纳梅克曾经有一个经典论断："我知道在广告上的投资有一半是无用的，但问题是，我不知道是哪一半。"而数字化零售让推广数据更明确，让营销可量可诊断、可优化。

京东营销 360 的 4A 消费者资产综合管理平台能帮助品牌进行营销效果复盘，对 4A 每个链路上的转化效率进行追踪和分析，优化后续投放。而且，投放过程中的数据也能长久保存下来，以供后续的运营。

另外，京东营销 360 的 AB 对照测试，可以很好评估广告投放的转化效

果。以某保健食品品牌的投放为例，其线下广告投放中，线下广告触达人群为实验组人群 A，线下广告未触达人群为对照组人群 B，投放中发现 A 组的品牌词、商品词、店铺词搜索量相较于 B 组有明显提升，提升比例分别为119%、81%、149%。A 组的店铺独立访客（Unique Visitor，UV）、品牌店铺商品加购量相较于 B 组也有明显提升，提升比例分别为 54%、130%。

- 总结：数字技术赋能零售业打破用户与企业间的信息壁垒，帮助企业深度挖掘用户需求价值，有效支撑了企业的创新效率

随着品牌营销格局的不断变迁，品牌与电商平台的强强联合成了一条新的营销途径。京东营销 360 平台把京东沉淀多年的数智化营销能力释放出来，帮助商家建设数据基础，提供全渠道覆盖的营销方式，打造一站式全域用户增长解决方案，为品牌商家带来新的盈利点。

这也代表着以数据驱动用户定位、线上线下资源整合、科学决策为核心的数字化零售的崛起。零售企业将不断通过数字技术赋能深度挖掘潜在消费者，加强与消费者之间的互动，帮助品牌与消费者沟通产品卖点与理念，实现品牌的全新营收。

2.2.2　亚马逊——以顾客体验撬动全盘的飞轮理论

亚马逊公司（Amazon，以下简称"亚马逊"），成立于 1994 年，是美国最大的网络电子商务公司之一，位于华盛顿州的西雅图。最初以在线图书销售起家，现已扩及全品类产品，成为全球商品品种最多的网上零售商和全球第二大互联网企业，并逐步向以零售为基础、信息和技术为核心的综合性高科技公司转变。

亚马逊坚持顾客至上原则，多年来备受业界推崇，然而数字经济背景下，发展中国家电子商务市场崛起，加之美国本土电商企业发展，亚马逊面临严峻的外部市场威胁。随着数字经济的繁荣，全球电子商务发展进入快车道，线上渠道在零售业中的地位日渐攀升。全球电子商务格局更迭，以中国为代表的发展中国家市场逐渐占据全球电商市场的主导地位，同时发展中国

家的本土电子商务平台正在崛起，成为全球电商发展中的新兴力量。2020 年，中国在全球零售电商销售额榜单中排名第一，具备较大增长潜力。

数字经济背景下，顾客选择范围更广，电商平台转换成本较低，亚马逊只有顺应时代特征，挖掘数字经济下美国本土及国际市场用户的不同价值需求，优化现有顾客价值体系，因地制宜提供多元化服务，满足顾客需求，才能长期稳定占据全球电子商务龙头地位，进而拓展其他数字领域产业范围。

"飞轮理论"是亚马逊 CEO 贝佐斯初期提出的一个商业理论，通俗点来说就是：一个公司的各个业务模块之间是会有相互推动的，就像是互相咬合的齿轮一样。不过齿轮组从静止到转动起来需要花费一定的力气，但是每一圈的努力都不会白费。一旦有一个齿轮转动起来，整个的齿轮组就会跟着迅速转动。

亚马逊的起点就是客户体验，最终形成一个以客户体验为出发点的良性循环。在不断地致力于用户体验的提升时，流量就会在口碑的带动下自然地增加，由此吸引更多的卖家合作，消费者就有了更多的优质产品的选择，并享受更便利的服务，从而带动用户体验的进一步提升。随着这个循环不断的循环，电商企业的高固定成本就会被不断地分摊，从而使公司以更低的价格出售商品和服务。

● 保质保真，商品自主降价

亚马逊创办至今，公司业务体量不断攀升，但仍不失活力，时刻保持着对新趋势的敏捷反应，依靠的秘诀就是保持"Day1"的创业精神，即每一次成功创新后重新归零，再次回归创业的第一天，寻找下一个创新点。那么如何保持"Day1"状态呢？贝佐斯在历年的致股东信中写出了这样一条："痴迷于客户"，深度挖掘用户需求，想用户所想，想用户想不到但确实需要的。这样一条小小的"顾客至上"原则，恰好就是推动"亚马逊飞轮"高效转动的核心理念。

作为零售电商发家的亚马逊，始终坚持全球商品同质、同价、保真原则，严格品控，层层把关，将顾客价值主张的经济价值发挥到了极致。亚马逊在自己的系统里设置了比价应用，一旦发现同一商品有比自己的价格更低的售价，便迅速调整降低价格。

此外，亚马逊经常开展限时秒杀、7 日促销、代金券折扣及 Prime 会员折扣等促销活动，为消费者提供同样品质更低价格的商品，且对参加促销的商品质量及折扣有限制要求以更好保障消费者利益。其中，秒杀活动是亚马逊上最受欢迎且用户参与度最高的活动之一，通常不超过 10 个小时，且商品折扣要大于 15%，比过去 30 天的价格至少低 5%；只有亚马逊认定高质量的产品才可以参加秒杀活动，因此，一个产品评级至少需要有 3 颗星。7 日促销活动要求则更加严格，产品评分不可低于 3.5 颗星。优惠券和代金券是最常见的促销方式之一，使用方便，消费者不需要过多考虑商品库存等问题。而 Prime 折扣则对优惠力度要求更加严格，参与 Prime 销售活动的商品价格必须是近 30 天的最低价。

除亚马逊商城外，亚马逊云服务平台也坚持让利客户，在其推出的 10 年中，曾在没有外部竞争压力的情况下自主降价高达 51 次，截至 2020 年 5 月，亚马逊网络服务（Amazon Web Services，AWS）共降价 82 次，并且预计未来会继续降价。

● "千人千面"，精准用户推荐

亚马逊庞大而灵敏的 A9 算法，决定着卖家产品的排名。当消费者在前台搜索关键词时，A9 将自动为其匹配大类目下相关性最高的优质产品。通过算法分析用户行为和商品特征，为买卖双方定制个性化标签，根据买家不同的搜索习惯和购物偏好将更有可能符合消费者口味的商品推送展现出来，实现"千人千面"的精细化运营。

"亚马逊畅销榜"等榜单的模块排序因人而异，其搜索关键词算法也非常严谨，以至于当我们在亚马逊商城搜索"multivitamin"和"multi vitamin"两个仅有一个空格之差的商品时，展现出的结果排序仍然差别很大，亚马逊通过这种方式真正做到了"一用户，一榜单"的专属精准触达。

影响 A9 算法的因素主要有转化率、相关性、买家留存率等。首先，转化率与商品销量呈现强关联关系，想要提高转化率首先要提高商品销量。其次，综合评论量大，好评数量多，卖家积极解答顾客疑问等因素都是高转化率的核心要素。商品早期的评论权重大于最近刚留的评论，时间越久，评级越高；一条评论被多名顾客点赞时，其权重也会增大。通过这种方法有效限制了卖家为参加促销活动临时刷好评的行为。

● 优质服务，提升品牌信誉

2021 年亚马逊引领全球电商市场，以 13% 的市场份额排名第二，商品交易总额（GMV）达到了 6 120 亿美元，第三方业务增长迅速。根据 Digital Commerce 360 数据显示，2021 年亚马逊平台上向美国消费者销售的第三方市场卖家 GMV 达到了 3 643.8 亿美元，贡献了亚马逊电商销售额的 1/5 以上。2021 年，亚马逊及其第三方卖家销售额占美国在线销售总额的 41.8%。

面对逐渐壮大的第三方卖家市场，亚马逊物流（Fulfilment By Amazon，FBA）的能力不容小觑。FBA 成立于 2007 年，已经是亚马逊非常重要的服务工具。亚马逊通过帮助第三方卖家触及全球海量优质 Prime 会员、加快配送速度、提高商品曝光及销量等方式，将其纳入 FBA 体系，其重要作用在于快速简便地帮助大小不一、规模参差的第三方跨境卖家做好物流运输管理，为买家提供优质物流服务。卖家将商品邮至亚马逊美国仓库后，亚马逊代为存储，并在商品售出后以买家所在地语言统一提供包装、运送、退换货等服务，这样不仅可以为买家提供标准化、高质量的购物体验，也可以让卖家集中精力优化商品及展示页面，提升店铺与买家黏性。

此外，作为典型的跨境电商平台，面对海淘物流运输时间较长的痛点，亚马逊依托全球布局优势，促成 18 大站点、175 个运营中心协同服务，"订单未下，货已先行"，多站点就近发货，提升配送速度，为用户打造卓越消费体验。

同时，亚马逊重视品牌信誉，专业客服全天 24 小时不间断护航，帮助卖家解答顾客提出的包括产品质量、参数规格、物流进度在内的各种问题，让顾客买得安心，用得舒心。

● 引领数字化浪潮，帮助全行业数字化转型

自 2020 年新冠疫情席卷全球以来，传统零售商受到剧烈冲击，无论出于适应后疫情时代大环境，还是自身发展的需要，零售企业都需要进行数字

化转型升级。亚马逊是全球知名的电商互联网企业之一，积极承担社会责任，带领全行业数字化转型。

AWS 发布于 2006 年，是全球功能最齐全、应用范围最广泛的数字云平台之一，从位于美国的全球数据中心提供超过 200 项数字服务，已经为全世界190 个国家及地区内数千家企业提供支持。

亚马逊云科技多年来致力于为客户提供广泛而深入的数据库和数字分析服务。有客户表示，亚马逊 AWS 的技术白皮书、操作指南是所有云服务提供商中做得最完善、最全面的，本公司技术人员可以通过阅读白皮书和操作指南自行解决平台运行中遇到的普通技术问题。

作为云计算领域的先行者，AWS 不可避免遇到很多问题，正是在这样日积月累的实践中，AWS 沉淀了大量经验，并在确保客户业务和数据安全性的前提下，将这些经验转化为高可用性、高扩展性、高灵活性的云平台功能，且保持 AWS 的最优性价比。

凭借优秀的性能和物超所值的价格，亚马逊云科技连续七年在 Gartner发布的《云数据库管理系统魔力象限》中位居云数据库领导者地位。

● 总结：顾客价值主张是亚马逊应对数字经济浪潮如鱼得水的关键要素

在亚马逊的主体零售业务面对迅速崛起的强大外部竞争对手时，亚马逊拓展顾客价值主张，挖掘用户未察觉的潜在需求，为进一步在零售及云服务领域开疆拓土做好了准备。因此，创新顾客价值主张是亚马逊应对数字经济浪潮如鱼得水的关键要素。

2.3 顾客价值创新

顾客价值创新是什么？

顾客价值创新要求企业深入挖掘目标客户的需求，在以往产品发展到极限之前就开发出新的产品，创造一条新的第二曲线。

为什么顾客价值创新是企业成功的关键要素？

产品的增长曲线是一条 S 型曲线，其增长不会永远持续下去。数字经济时代，消费者的核心地位日益凸显，企业逐渐以消费者为中心。与此同时，市场竞争更加激烈，谁也无法保证现有业务能够永远增长。企业如果想要保证持续增长，就必须未雨绸缪，不断寻找新的增长点，开发新的第二曲线。这就要求企业要趁早深入挖掘顾客的新需求，开发出真正能够满足顾客需求的新产品，从而实现顾客价值创新。

2.3.1　可口可乐：产品创新从未止步

可口可乐公司（The Coca-Cola Company），成立于 1886 年 5 月 8 日，总部设在美国佐治亚州亚特兰大，是全球最大的饮料公司，拥有全球 48% 市场占有率以及全球前三大饮料的两项（可口可乐排名第一，百事可乐第二，低热量可口可乐第三）。可口可乐在 200 个国家拥有 160 种饮料品牌，包括汽水、运动饮料、乳类饮品、果汁、茶和咖啡，亦是全球最大的果汁饮料经销商（包括 Minute Maid 品牌）。进入到 21 世纪后，全球每天有 17 亿人次的消费者在畅饮可口可乐公司的产品，大约每秒钟售出 19 400 瓶饮料。

能够在竞争日益激烈的饮料市场稳坐第一的宝座，除了精彩的营销手段，可口可乐公司的秘诀就是永不止步的产品创新。

● 可口可乐传统碳酸饮料业务增长遇到瓶颈

早期可口可乐的营销策略是以整个市场为目标的无差异营销。

1886 年，美国佐治亚州的药剂师约翰·彭伯顿在偶然的条件下发明了可口可乐配方，并开始投入生产，这就是可口可乐的起源。可口可乐公司发展的这一百多年来，无论是在北美市场还是在全球市场，都是开展无差异化营销策略。具体来说，在任何地方喝到的可口可乐，都是同样的品质和口感，在任何地方看到的可口可乐都是同样的瓶子，甚至连广告都是统一的。始终如一的口味征服了世界 156 个国家和地区的顾客，可口可乐也因此成为世界著名品牌。

数字经济时代，消费者的消费观念趋于健康化、多样化，导致饮料行业出现多个细分市场。与此同时，新兴品牌不断出现，冲击碳酸饮料市场。

消费者观念健康化。由于易导致肥胖、骨质疏松等问题，碳酸饮料一直被视为"不健康饮料"的代表。对美国消费者而言，健身潮在 20 世纪 90 年代末期开始成为了流行趋势，也就是在那个时候，碳酸饮料市场因为消费者的生活方式的转变而出现了转折点。对于中国消费者而言，越来越多的年轻一代消费者开始注重养生，"左手保温杯，右手枸杞"俨然成为一种新常态。数字经济时代，新一代消费者追求健康的生活方式和饮食习惯，高糖、高热量的碳酸饮料成为年轻人的大敌。在这种情况下，碳酸饮料受到冷落也就在所难免。

消费者观念多样化。越来越多的年轻消费者开始追求个性化、多样化的消费，仅靠经典口味的可乐很难满足消费者的需求。以中国市场为例，喜茶、奈雪的茶等新式茶饮品牌快速发展，随处可见的饮品店和其他饮料品牌也在一定程度上分流了碳酸饮料的受众人群。数字经济时代，新一代消费者追求个性化、多样化的消费，市场也涌现出各式各样的新兴饮料品牌，给予消费者更多的选择。此时，碳酸饮料只是消费者可选择的众多饮料品类中的一种，碳酸饮料市场自然会受到冲击。

碳酸饮料市场陷入增长瓶颈，可口可乐公司无法通过单一产品实现增长。

碳酸饮料是可口可乐公司拥有的最早的饮料品类，同时也是其利润的主要来源。因此，碳酸饮料市场陷入增长瓶颈自然会影响可口可乐公司的增长。这意味着可口可乐公司很难再通过单一产品实现增长。

● **在数字技术的帮助下，可口可乐通过深挖顾客需求、不断开发新产品带动业绩增长**

借助人工智能等数字技术和数字化运营的思路，可口可乐深入挖掘顾客需求，不断开发新产品，实现顾客价值创新。

面对不同市场，可口可乐以消费者为中心，着力开发本土化产品。比如可口可乐在 2007 年向日本市场推出 Ayataka 茶饮，在日本市场大受好评后，更是成功推广至东南亚等市场。可口可乐的国际化运营使得公司的新产品不仅能满足本土市场，还可实现全球市场交叉销售，使得企业在保持产品创新活力的同时也可获取生产效率和规模的最大化。

针对消费者健康化的需求，可口可乐推出了一系列更加健康的饮料。比如在 2017 年，可口可乐宣布推出一款零糖可乐，使用阿斯巴甜等人工甜味剂代替糖提供甜味。由于不含糖，一瓶零糖可乐的热量几乎为零，相比高热量的普通可乐确实更加健康。2018 年，在推出加入抗性糊精的"雪碧纤维＋"后，可口可乐又推出了一款带有这种膳食纤维的产品"纯悦神纤水"。这种饮料中的膳食纤维平均含量约为 1g/100g，虽然低于绝大多数常见蔬菜和水果，但确实也称得上是一种比较健康的饮料了，受到了消费者的认可。

针对消费者多样化的需求，可口可乐推出了许多非碳酸饮料品类的产品。为了满足消费者多样化的消费需求，给不同需求的消费者更加丰富的产品选择，可口可乐积极探索在非碳酸饮料品类的产品创新和新品开发。如表 2-1 所示，截至 2018 年上半年，除碳酸饮料外，可口可乐已先后推出了茶饮系列、植物蛋白饮料、瓶装饮用水、果汁、即饮咖啡等品类，再次证明了其要加速转型成为一家"全品类饮料公司"的决心。

表 2-1 可口可乐饮料品类布局

饮料品类	推出/收购时间	下属品牌
碳酸汽水系列	1886 年	可口可乐、健怡可乐、度可乐、雪碧、芬达、醒目
果汁系列	1960 年	美之源果粒橙、美之源热带果粒、酷儿
茶系列	2008 年	原叶茶
奶产品	2009 年	美之源果粒奶优
水产品	2010 年	冰露纯净水、冰露矿泉水、水森活、怡泉、纯悦
运动类	2014 年	水动乐
功能饮料	2014 年	魔爪
咖啡	2018 年	COSTA

数字经济时代，可口可乐公司的产品开发离不开数字技术的帮助。

AI 技术赋能产品开发。可口可乐已广泛使用人工智能技术辅助产品创新，从收集的数据中分析用户偏好。比如樱桃味雪碧的推出，这一产品的创新基于最新一代自助饮料机收集的监测数据。由于设备允许客户在混合时，将各种风味添加到他们的饮料中，这意味着他们能够选择最受欢迎的组合。人工智能技术也是收集客户反馈的最好方法之一。自动售货过去都是匿名的、即时交易的，而当它与消息传递接口结合时，就能允许品牌收集用户的反馈并跟踪数据，比如个人购买历史和偏好。

数字化运营缩短产品开发周期。可口可乐将精益思想与数字化运营相结合，以客户驱动的思维模式、数字化实验和用户数据追踪，持续不断地改进产品。转型完成后，可口可乐果汁的生产时间缩短为原来的 1/6，即过去需要 18 个月才能上线的果汁新品，现在仅需 3 个月。除此之外，转型也将可口可乐一系列茶饮料和天然果汁新品推向市场的交货时间缩短了 7 个月。

可口可乐的新产品发展态势良好，成功带动企业整体业绩的增长。

根据可口可乐 2021 年财报的数据，可口可乐 2021 年全年净营收为 386.55 亿美元，同比增长 17%；经营利润为 103.08 亿美元，同比增长 15%。

从产品品类来看，起泡软饮业务增长了 7%。其中，零糖可口可乐在第四季度和年度均实现了两位数的增长。此外，补水饮料、运动饮料、咖啡和茶业务年增长 7%。可以看出可口可乐传统的碳酸饮料品类中零糖可乐增长最为迅猛，其他新品类饮料增长态势良好。

按地区和部门划分，无论是第四季度还是全年来看，发展中市场和新兴市场的增长由中国、印度和俄罗斯引领。可口可乐公司董事会主席兼首席执行官詹鲲杰称："中国市场上季度增长强劲，特别是零糖可口可乐和 2019 年第四季度相比实现了翻一番。"

● **总结：顾客价值创新是企业成功的关键要素**

在单一碳酸饮料市场发展陷入瓶颈时，可口可乐没有局限于传统的碳酸饮料产品，而是以顾客为中心，不断开发新品类、新产品，为顾客提供新价值。同时，诸多新产品的快速增长也为企业持续增长提供了保障。从可口可乐的案例我们可以看出，数字经济时代，实现顾客价值创新、不断寻找第二曲线是企业成功的关键要素。

2.3.2　苹果公司：顾客价值创新从未停止

苹果公司是美国一家高科技公司，由史蒂夫·乔布斯、斯蒂夫·盖瑞·沃兹尼亚克和罗纳德·杰拉尔德·韦恩等人于 1976 年 4 月 1 日创立，总部位于加利福尼亚州的库比蒂诺。最初公司的名字是美国苹果电脑公司，2007 年公司推出 iPhone，宣布正式更名为苹果公司。

苹果公司多次被评为"世界最具价值品牌"。2022 年 1 月 4 日，美国科技巨头苹果公司的股价达到了 182.88 美元，市值第一次站上了 3 万亿美元的台阶，这不仅是全球首个 3 万亿美元市值，也相当于全球第五大经济体的GDP 体量，仅次于美国、中国、日本及德国。虽然拿存量和增量比不太恰当，但这也反映出苹果公司市值之高。

苹果公司早期依靠售卖个人电脑发家，但在其后的发展过程中，不断推出的创新产品才是让苹果公司屹立不倒的重要原因。

● **早期苹果公司专注于开发个人电脑，获得了巨大的成功**

早期苹果公司专注于开发个人电脑，推出了许多杰出的产品。

1976 年，苹果电脑公司第一个产品被命名 Apple Ⅰ。

1977 年，Apple Ⅱ 在首届的西海岸电脑展览会首次面世。这款电脑获得了极大的成功，在电脑界被誉为缔造家庭电脑市场的产品。直至 1993 年，苹果共生产了约 600 万部 Apple Ⅱ，甚至大量出口中国。Apple Ⅱ 的巨大成功助推苹果公司于 1980 年成功上市，并迅速进入了"世界 500 强"的行列，这在当时创造了新纪录。

1981 年，售价高昂的 Apple Ⅲ 面世，在 IBM 廉价产品的冲击下，Apple Ⅲ 遭遇滑铁卢，最终只生产了 9 万部。

1983 年，乔布斯主导开发的 Apple Lisa 面世，这款具有划时代意义的电脑是苹果第一款搭载图形界面的个人电脑。但因为产品设计不成熟，Apple Lisa 遭遇了巨大的失败。

1984 年乔布斯立刻推出了 Macintosh，最初把它预想为一种廉价版的Lisa。Macintosh 为用户提供了易于使用的图形用户界面，获得了巨大的成功，从此 Mac 成为苹果电脑的代名称。

1985 年乔布斯因高层权力斗争离开苹果公司，随后苹果陷入了数十年的衰退期。其间苹果公司依然推出了许多新产品，但大都反响平平，没有取得像 Apple Ⅱ 或 Macintosh 那样的成功。虽然 1997 年乔布斯回归苹果公司后立刻大幅改革公司管理，并主导开发了 iMac 等一系列新产品，重新将公司带回正轨，但是苹果公司的再造辉煌还要等到 2001 年 iPod 的问世。

● 苹果公司以顾客为中心，不断开发新产品，为企业寻找新的增长点

为了寻找新的增长点，并为顾客创造更大的价值，苹果公司组建团队研发 MP3 播放器，最终于 2001 年 11 月推出了第一款 iPod，取得了巨大的成功，售出数亿台。

2000 年乔布斯制定了 Mac 电脑的"数字中心"战略，意图进入迅速发展的数字媒体市场。苹果公司先是开发出 iMovie 用来处理视频，然后收购了 MP3 播放软件 Sound Jam MP，并在其基础上开发出能够管理和播放音乐和视频的 iTunes。有了音乐软件就需要配套的硬件，而乔布斯觉得市面上的便携式 MP3 播放器都很差劲，于是决定自己开发。乔布斯的目标也很明确，苹果开发便携式 MP3 播放器的主要目的是更好地与 iTunes 协同工作，并且吸引更多的用户使用 Mac 电脑。

苹果公司在 6 个月的时间内组建团队、开发产品、制造产品并正式将 iPod 交付市场。iPod 一经推出就引爆了市场。虽然 iPod 不是市场上首款便携式 MP3 播放器，但其精良的设计及舒适的手感得到了消费者的广泛认可，配合其独家的 iTunes 网络付费音乐下载系统，iPod 一举击败索尼公司的 Walkman 系列成为全球市场占有率第一的便携式音乐播放器。除了产品自身的成功，iPod 也成为苹果公司反攻 PC 市场的先锋。许多 PC 用户因为 iPod 才第一次了解到苹果公司的软件和电脑产品。

同样为了保持企业的增长，苹果电脑公司正式推出其首款智能手机 iPhone，并宣布更名为苹果公司。

早在 2005 年，乔布斯就意识到手机可能会威胁到 iPod 的地位。当时的手机行业已经是个巨大的市场，每年全球手机销量约为 10 亿部，不仅远超

音乐播放器，而且是个人电脑销量的四倍。乔布斯觉得市面上的手机软件十分糟糕，硬件也不怎么样，同时认为苹果公司有能力开发出更好的手机。

iPhone 的设计理念是创造一台可以打电话和浏览互联网的成熟手机，其发布引发了全球智能手机市场的革命。根据财经 M 平方的数据，iPhone 同时也是苹果最成功的产品，近十年来占公司营收比重 50% 左右，最高达到了 70%。

类似地，苹果公司又于 2010 年推出了 iPad，产品的发布标志着平板电脑行业的又一个里程碑。

2010 年 1 月 27 日，苹果推出平板电脑产品 iPad，定位介于 iPhone 和 MacBook 之间，并采用 iPhone OS 操作系统的修改版。该设备在前三个月售出超过 300 万台，树立了新的行业标杆。2021 年，iPad 在全球平板电脑市场的份额达到了 34%，比第二名和第三名加起来还多。

苹果公司成功的关键就在于持续挖掘顾客需求、进行产品创新。如表 2-2 所示，从 Mac、iPod、iPhone 到 iPad，苹果公司不断地推陈出新，为顾客创造更大的价值。苹果也从最初单一的电脑公司，逐步转型成为高端电子消费品和服务企业。

表 2-2　苹果公司主要产品

产 品 品 类	推出时间	产 品 系 列
个人电脑（Mac）	1976 年	Apple I，Macintosh，MacBook Air，iMac，Mac Pro
音乐播放器（iPod）	2001 年	iPod classic，iPod mini，iPod nano，iPod shuffle，iPod touch
手机（iPhone）	2007 年	iPhone-iPhone 14
平板（iPad）	2010 年	iPad，iPad Air，iPad mini，iPad Pro

在苹果公司的持续创新过程中，数字技术起到了很大的作用。

数字技术助力 Mac 配套软件的开发。乔布斯将 Mac 定义为"数字化生活方式"中不可或缺的枢纽。为了切实体现出这一中枢的重要意义，苹果先后推出了创意应用套件 iLife 和办公应用套件 iWork。为了开发上述两款专业应用软件，从 2000 年开始，苹果收购了包括 NetSelector、BlueFish Labs 在内的数十个软件开发团队，利用他们的先进技术，iLife 和 iWork 这两款应用套件在 2003 年和 2005 年相继开发完成。除此之外，在 2006 年 10 月，苹果还进一步收购了视频色彩校正软件 Final Touch 的开发商 Silicon Color，用于提升其专业图像处理软件 Final Cut Pro 的功能性。

数字技术助力完善 App Store。2010 年 1 月，苹果收购了一家无线广告网络开发商 Quattro Wireless，组建了广告技术研发团队，用于推进 App Store 的广告服务。为了优化 App Store 的搜索引擎和推荐算法，苹果分别于 2012 年和 2015 年收购了搜索引擎技术研发商 Chomp 和 OttoCat。App Store 的开发者是苹果生态的重要组成部分。为了便于开发者制定 APP 开发决策，苹果于 2013 年 12 月，收购数据库分析工具研发企业 Acunu 和社交媒体数据分析服务公司 Topsy Labs，并在 2014 年 2 月，收购移动应用测试分析工具开发公司 Burstly。使用他们的技术帮助开发者获取到诸如 APP 下载量、销售额及用户使用频次等信息。

● 总结：顾客价值创新是企业成功的关键要素

从上面的案例可以看出，苹果公司成功的关键就是不间断的产品创新，一个又一个新产品的成功助推苹果成为全球最有价值的企业之一。如果苹果公司仅专注于最初的个人电脑业务，或许仍会成为一个成功的电脑制造商，但很难成为全球最有价值的企业之一。因此，数字经济时代，实现顾客价值创新、不断寻找第二曲线是企业成功的关键要素。

2.4 组织边界突破

组织边界突破是什么？

企业边界是企业与外界环境之间的界限，具有区分一个企业与其他企业的作用。组织边界突破就是借助数字技术剥离薄弱环节，加深企业间合作，实现降本增效。

为什么组织边界突破是企业成功的关键要素？

以制造业为例，微笑曲线（图 2-1）指出制造业的生产环节处于获利低位，因此将利润较低的生产环节外包，专注于利润率更高的研发、销售等环节，可以增强企业的竞争力。数字经济时代，数字技术的广泛使用提高了企业之间的沟通效率，降低了企业间合作成本，为企业剥离薄弱环节提供了技术保障。

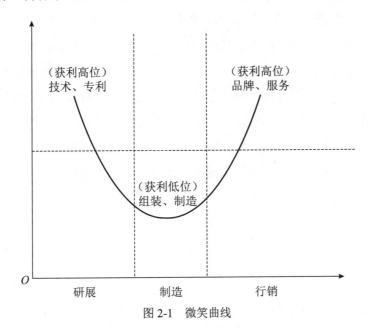

图 2-1　微笑曲线

2.4.1　耐克不生产耐克鞋

1963 年，在俄勒冈大学毕业的菲尔·奈特和他的导师比尔·鲍尔曼共同创立了蓝带体育用品公司，在 1972 年，公司正式更名为耐克公司。目前，耐克已经成为全球最大的体育用品公司之一，市场占有率全球第一。耐克也是轻资产运营模式的典型代表之一，没有自己的工厂，不具备任何产品生产能力，而是选择专注于产品的研发设计和品牌营销等环节，将产品外包给其他公司生产。

耐克通过生产外包剥离了薄弱环节，将资源投入到产品研发和品牌营销等关键环节，实现了降本增效，提高了企业核心竞争力。

- 人力成本的提升使得生产环节成为耐克的薄弱环节

创立早期的耐克公司与其他传统制造业厂商一样，拥有自建的工厂和生产线。随着经济的发展，人力成本越来越高，导致生产环节利润率低、占用资本多，成为耐克的薄弱环节。

耐克最早的工厂设立在日本，随着日本的经济快速发展，日元不断升值，在日本生产鞋子的成本也快速增加。耐克为了降低生产成本，提高生产效率，选择进行组织边界突破。具体来说，耐克选择在人力成本相对较低的韩国和我国台湾省进行代工生产，大幅度降低了生产成本，从而可以在研发与营销等环节投入更多的资金。随着不同国家和地区人力成本的变化，耐克的代工合作伙伴也在不断变化，开始是韩国和我国台湾省，随后是我国大陆和印度，现在的主要合作伙伴是越南、印尼等东南亚国家。目前，耐克已经关闭了所有直营工厂，实现了100%的外包生产。

总而言之，耐克在人力成本较低的国家和地区开辟代工厂的措施堪称革命性的创举，这种方式实现了企业自身的轻资产化，还能集中资源专注于研发设计与营销等关键环节。

● **耐克在生产环节外包后，专注于产品研发和品牌营销环节**

（1）注重产品研发

耐克十分注重研发投入，常年研发投入比超过10%。耐克的产品研发过程由运动员、科学家、工程师和设计师共同参与。耐克的运动研究实验室成立于1980年，截至2019年年底，实验室雇用了生物力学、生理学、生物医学工程、机械工程、物理、数学、运动机能学等方向的40多个顶尖科学家，在增强运动表现、降低运动损伤、改善穿着体验方面进行研究。同时，每年还有数千名运动员参与实验，基于他们的职业理解为耐克的产品提供改进建议。

（2）注重品牌营销

首先是明星宣传。先后与诸多运动明星和球队签约，包括乔丹、伍兹、科比、詹姆斯、蔡恩、巴萨俱乐部、利物浦俱乐部等。其中最著名的就是与迈克尔·乔丹的合作营销。1984年耐克与乔丹签约，针对乔丹弹跳能力极佳的特点，耐克将乔丹联名系列命名为Air Jordan，每年发布一款Air Jordan篮球鞋。Air Jordan系列于1997年成为独立品牌，也是耐克最重要的子品牌之一。

其次是情感营销。除了自上而下的明星宣传，耐克还通过情感营销在广大消费者心中树立品牌形象。耐克投放的广告很少直接宣传某个产品的功能或亮点，而是针对整个客户群体进行情感营销。这种方式对单独品类产品的推广效果可能不理想，但是有利于树立品牌形象，对所有产品的销售均有促进。以耐克经典的"Just Do It"系列广告为例：身穿耐克的英雄击败了内在的敌人，比如懒惰等负面情绪、身体条件的限制，引发受众共鸣，将耐克品牌与战胜自我的精神相关联。建立情感维系后，顾客的黏性与忠诚度随之提高。

最后是数字化营销。随着在线平台和社交媒体的发展，耐克也逐渐注重数字化营销。除了通过开发 NIKE App、SNKRS App 和微信小程序等应用软件提升消费者的购物体验，还通过 Twitter、微博等社交媒体积极与粉丝互动。针对新事件，社交媒体上的回应往往比其他营销渠道更加迅速，也更容易扩大影响。比如遇到"刘翔伦敦奥运会摔倒"事件时，耐克在微博发布"活出你的伟大"，力挺刘翔，短时间内就获得数万次转发。

● 耐克通过剥离薄弱环节、专注核心业务实现了降本增效

在企业发展遇到瓶颈时，需要进一步提高生产效率时，耐克选择的边界突破的方式是生产外包，也就是将产品的生产制造环节交付给生产效率更高效的企业，实现自身的降本增效。那么，为什么生产外包可以提高生产效率呢？

根据美国哈佛商学院著名战略学家迈克尔·波特提出的"价值链分析法"，企业的活动包括基本活动和支持性活动，基本活动和支持性活动构成了企业的价值链。如图 2-2 所示，基本活动涉及企业生产、销售、物流和售后服务等；支持性活动涉及企业计划、财务、人事、研发和采购等。虽然价值链上的每一个环节都会创造价值，但是不同环节创造的价值不同，所占总价值的比例自然不同。以耐克的鞋子为例，一双耐克鞋的生产成本，包括原材料、人工、运输等，一般为 70~80 元人民币，这是代工厂给出的"出厂价"，而面向消费者的零售价一般为 700~1 000 元。可以看出耐克鞋的生产环节创造的价值占比很小，约为 10%，其价值主要集中于研发设计和营销这两个关键环节。

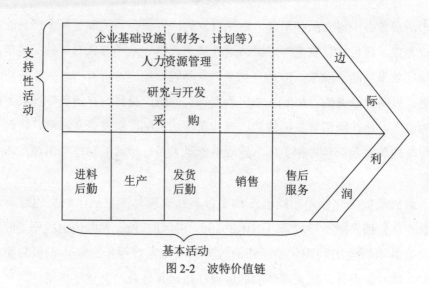

图 2-2　波特价值链

对于耐克而言，想要拥有竞争优势，就应该将资源集中于上述两个关键环节。因此，将产品的生产环节外包出去，可以带来以下几点优势：

① 降低生产成本。选择人力成本较低的企业代工生产，可以有效降低成本。

② 集中优势资源。企业可以将更多的资源投入到研发设计和营销等关键环节。

③ 精简组织结构。生产环节的员工不属于耐克，减少了企业员工数量，避免企业过分臃肿，也可以降低人员管理成本。

④ 降低资金风险。企业不必投资建厂、购买机器设备等，实现了企业自身的轻资产化，提高资金利用效率的同时更容易控制风险。

● **生产外包在降本增效的同时，也增加了耐克沟通合作和企业运营的难度**

耐克通过生产外包的方式实现了边界突破，但在这过程中又会遇到许多问题。如图 2-3 所示，生产外包情况下，耐克自主研发设计产品，制定产品的各项标准和参数，然后委托第三方制造商生产；产品制造完毕后，由第三方运送到耐克在各地的物流中心储存；随后再将产品交付直营门店或经销商手中；最终由直营店或经销商将产品售卖给消费者。

图 2-3　耐克产品供应链

在这种情况下，如何获取各个环节的产品信息、如何与第三方制造商和经销商高效合作、如何提高各种决策（产品分发、存储数量等）的效率就成了耐克亟待解决的问题。

● **耐克通过使用数字技术提高生产外包后的沟通合作和企业运营效率**

（1）业务数字化

耐克要做的第一步是获取业务流程中的所有数据并对其进行管理。

过去几年，耐克持续进行供应链改进，如使用射频识别技术（Radio Frequency Identification，RFID）进行数字标签和产品跟踪，在生产过程中全程跟踪产品，全程掌握库存信息。耐克已经将 6 000 多种鞋类产品的材料、颜色、款式、码数等信息全部数字化，在研发设计阶段就强调针对消费者需求的精准性，从源头上控制库存。

与此同时，耐克也在不断投资建设配套物流设施。耐克中国物流中心位于江苏太仓，2017 年新增投资 1 亿美元扩建，在原先 20 万平方米建筑面积基础上新增约 6 万平方米，引入智能分拣设备、输送系统和仓库管理系统，建设库架一体化全自动库，提升数据采集和分析能力，进一步提升产品生产效率。

（2）信息共享

运营过程中获取到的数据是企业的重要资源，但是数据本身没有价值，只有将数据加工成信息并与第三方制造商、经销商等合作伙伴共享后才能有效提高工作效率。

耐克正在推动打造拉动式供应链，以消费者需求驱动产品生产。在库存等信息传递方面优化数据处理过程，协同供应链上下游运作，以便更精准地预测消费者的需求，提供定制化服务。耐克的目标是将供应链的生产周期从 60 天缩短到 20 天以内，因此制订了"快车道计划"（Express Lane），即实现端到端的供应链全程精准计划和快速响应。

① 精准产品计划。基于零售端获取的消费者信息，深度洞察消费者的需求、购买动机、消费频次、使用场合等，制订更加精准的产品计划。

② 工厂快速补货。基于直营门店和经销商提供的销售信息和反馈，在当地或者近岸工厂就近安排生产，优化物流网络，在48小时内完成快速补货。

③ 产品动态调整。基于新品上市4周的实际销售反馈，迅速对新产品的面料、颜色、印花、功能等进行调整，再进行后续的订单生产。

④ 缩短生产周期。在销售本土组织计划和设计团队，建立本地设计搜集和建议的能力，将设计生产的时间减少为原来的一半，加速产品的升级，也能更快地配合当地工厂的生产。

通过实施快车道计划，耐克许多品类商品的生产周期缩短为原来的1/4。而供应链的快速响应，各个部门的强力协同则让成品库存、半成品库存和原料库存大幅减少，精准的预测也让耐克对消费者需求的把握更加精准。

（3）智能决策

企业发展中有很多决策需要进行不断地优化与迭代，比如生产决策、库存管理、供应商选择等。企业想要实现智能决策，就需要通过数字技术提高决策的效率与准确性。

从2016年开始，耐克大量收购科技公司以获得相应的技术，助力企业智能决策。

2016年，耐克收购了数字设计公司Virgin Mega。Virgin Mega帮助耐克开发了SNKRS App，这是NIKE限量运动鞋的主要抽签发售平台，用于满足消费者对潮鞋的需求。

2018年，耐克收购了消费者数据分析公司Zodiac。Zodiac可对活跃用户进行深入分析，并预测消费者的生命周期，帮助耐克更好地预测消费者对于产品款式、购买时点和购买渠道的偏好。

2018年，耐克收购了计算机视觉公司Invertex。依托Invertex的AI能力耐克开发了Nike Fit App，只要用手机摄像头扫描用户的脚，就能设计出3D版鞋样，帮助用户找到最适合的鞋码。

2019年，耐克收购了预测分析公司Celect。基于Celect的人工智能的预测技术对市场需求和库存进行预测，帮助耐克优化各个渠道的库存，让不同渠道的产品高度区域化。

● 总结：组织边界突破是企业成功的关键要素

随着经济的发展，利润率较低的生产环节成为耐克的薄弱环节。通过进行组织边界突破，剥离薄弱环节并集中资源供给优势环节，耐克迎来了新的发展，实现了降本增效。这也说明了组织边界突破是企业成功的关键要素。

2.4.2　波音 787 的全球供应链战略

波音公司是全球最大的航空航天业公司之一，也是世界领先的民用和军用飞机制造商。总部以前设在西雅图市，2001 年 9 月迁至伊利诺伊州的芝加哥市。波音公司还提供众多军用和民用航线支持服务，其客户分布在全球 150 个国家和地区。就销售额而言，波音公司是美国最大的出口商之一。

波音公司在 787 项目中采取全球供应链战略，充分利用供应商的优势资源，将零部件生产环节和部分研发环节交给全球供应商完成，与全球合作伙伴共担风险，建立的全球性的协作体系加快了市场反应速度，推动波音飞机在全球的销售，提高市场占有率。

● 飞机零部件生产成本高、资金风险大，零部件生产成为波音的薄弱环节

早期波音公司的零部件供应还是以自主研发和生产为主。随着企业的发展，飞机零部件生产成本高、资金风险大，零部件生产成为波音的薄弱环节。

早期波音公司通过自建生产线来制造飞机。比如 20 世纪 60 年代诞生的波音 727 基本都是自己制造的，仅有 2% 的部分是由波音公司以外的供应商完成的。但随着市场的发展，在零部件生产环节波音公司并不比外界企业拥有更大的优势。因此，当自主生产投资巨大又获利较低时，零部件生产就成为波音公司的薄弱环节。

● **为了降低成本、提高整体竞争优势，波音公司供应链战略由自研为主逐渐转变为外包为主**

波音 727 项目是自主研发和生产的。波音 727 飞机只有 2% 的部分是由波音以外的供应商完成的。在启动新飞机项目时，波音公司都自行承担设计、研制、工装和基础设施建设的资金，甚至要向其美国国内供应商提供生产设备来生产机体部件。

波音 767 项目采取了国际合作和国内转包方式。日本民用运输部承担波音 767 研制费和工作量的 15%，随后意大利阿莱尼亚公司也参加了波音 767 项目，承担 15% 的研制费和工作量，美、日、意三方共同负责波音 767 项目的财务和管理，各方按约定比例为其销售提供经费，并按约定分配红利。

波音 787 项目采用"全球供应链"模式。波音 787 飞机 90% 的零部件由供应商制造，其高达 70% 的比例由国外供应商制造。波音只负责少数零部件生产任务和总装任务，是有史以来波音承担生产任务最少的一次。波音 787 的主要供应商位于美国、日本、英国、意大利等国，他们在设计、研发和制造方面比以往承担了更多的责任。

● **波音 787 将大量工作外包，仅专注于设计、系统集成以及组装环节，能够提高企业的核心竞争力**

整合优势资源。供应链各个公司都有自身擅长的环节。实行全球供应链战略，不同的公司在整个供应链中充当不同的角色，可以充分发挥各自的优势和专长，能让波音公司整合优势资源，形成企业新的竞争优势。

降低资金风险。企业自身的资源、能力总是有限的。波音公司通过全球供应链战略，从外部配置资源，与全球合作伙伴风险共担。与以往项目相比，波音 787 项目将绝大部分零部件生产环节和部分研发环节交给合作伙伴完成，减少了波音公司所需的投资，从而降低资金风险。

提高生产效率。实行全球供应链战略有利于波音 787 项目采取模块化生产，协同并行设计、研发和试制。通过模块化可以实现同一产品、产品过程的各子模块的并行设计与生产制造，可以大幅缩短产品的开发时间，提高生产效率，让企业快速响应市场变化。

以外包换市场。实行全球供应链战略，通过业务外包，波音与全球供应商建立长期合作伙伴关系，可以争取到供应商所在国家的市场。

● 波音787的全球供应链战略将大量工作外包，使得波音公司供应链体系更加庞大、复杂，这就增加了供应链管理难度和脆弱性

供应链管理难度增加。当供应链的活动遍布全球并且产品跨国流动时，全球化物流网络的不确定性和复杂性增加了管理难度。波音公司将复杂的生产环节外包给许多供应商，在提高生产效率的同时，也增加了供应链管理的复杂程度。

供应链脆弱性增加。波音787项目的参与主体多、环节增加、风险因素多，这就增加了整个供应链的脆弱性。比如机翼由日本制造，而机身大部分来自意大利，二者在美国西雅图组装在一起，而让全球供应链上的不同供应商稳定工作是一个很难达到的目标。一些部件在抵达西雅图最终组装时处于异常状态，波音就需要通知供应商送一批新的零部件，这就会推迟后续的组装环节。波音与诸多供应商构建了风险共担、利益共享的合作系统，只要有一处出现问题，就会造成整个系统的进展受阻。

● 波音公司使用数字技术赋能供应链企业合作，增加了供应链管理效率，降低了供应链脆弱性

波音在787飞机设计和制造上与其全球合作伙伴形成了史无前例的协同，是其历史上完工最快、造价最低的一次，其根本原因在于采用了全球数字化设计、制造、测试、销售、市场以及交付的协作平台。

设计和协同平台。该平台由法国达索系统公司开发，波音与其供应商通过它可以对787的各个部分进行设计、制造以及测试，并在787开始正式生产之前，对其进行虚拟的试生产。此外，波音的工程师可以利用存储于单一数据库中的可视电话会议软件和三维数字模型与合作伙伴公司的相关人员进行及时的沟通。

电子数据交换系统。通过该系统，波音能与供应商交换业务文件以及互传技术资料。波音的一级供应商也可以通过该系统与其二级、三级供应商进

行商业交易，并将一些技术的要求或合同条款传达给二级、三级供应商。

供应商门户网站。波音的供应商还能通过登录波音公司建立的"供应商门户网站"获取它们完成与波音合作项目所需的资料、文件以及应用软件。波音则能通过该网站完成存货水平的管理、购买订单的管理、更新后的设计图样和产品规格的查看及打印等多种工作。

● 总结：组织边界突破是企业成功的关键要素

数字经济时代，制造全球化和生产外包是大势所趋。如今企业的竞争不再是单枪匹马的作战，而是供应链上所有企业共同参与的整体竞争。只有让供应链的各个企业充分利用自身特有的技术和资源，发挥自身独特的竞争力，才能获得供应链整体竞争优势。而供应链的关键企业必须把主要精力集中在公司的核心业务上，才能提高企业竞争力。

作为飞机制造供应链的关键企业，为了增强企业的核心竞争力，波音公司选择进行组织边界突破，将飞机的生产环节交给全球供应商完成。波音通过剥离薄弱的零部件生产环节，将资源集中于研发设计、系统集成、品牌营销等核心环节，并使用数字技术提高供应链管理效率，降低供应链脆弱性，获得了极大的成功。波音的案例也说明了组织边界突破是企业成功的关键要素。

2.5　生态系统演进

企业生态系统，是一个将消费者、供应商、生产者、竞争者、政府以及其他利益相关者组合在一起的经济共同体，多方在共创利益和共享资源的前提下达到平衡状态，实现对内的共同进化和对外的价值共创。

数字经济时代经营环境复杂多变，企业只有依托生态共创，才能有效实现能力边界的拓展，最终适应时代要求。随着产业边界的日益模糊，经营环境的逐渐复杂多变，生态系统的组建成为企业在数字经济时代必备的全新的经营逻辑和战略视角。在经营环境相对稳定时，企业更多注重自身利益，更加追求资源整合、效率提高和规模经济。而数字经济下的经营环境变幻莫测，挖掘第二曲线、关注上下游产业、寻找合作伙伴支持、共同协作，形成以自己为核心的生态系统，成为企业数字化转型成功的必经之路。生态系统内，合作伙伴间的纽带是顾客价值，各成员通过价值共创，最终实现共同进化，适应时代要求。

2.5.1　特斯拉能源生态战略

特斯拉（Tesla），2003 年 7 月 1 日由马丁·艾伯哈德和马克·塔彭宁共同创立，总部设在美国加州帕洛阿托，主要产品包括电动汽车、太阳能产品和储能设备等。创始人将公司命名为"特斯拉汽车"，以纪念物理学家尼古拉·特斯拉。2004 年 2 月，埃隆·马斯克（Elon Musk）向特斯拉投资 630 万美元，成为特斯拉最大股东并担任公司董事长。2008 年 10 月，马斯克正式出任特斯拉 CEO 至今。2020 年，特斯拉市值突破 6 000 亿美元，一举超越丰田成为全球市值最高车企，一度超过埃克森美孚、荷兰皇家壳牌和英国石油三家国际能源巨头的市值总和。2021 年，埃隆·马斯克凭借特斯拉的高市值成为新一代世界首富。2022 年 2 月特斯拉市值超过 9 000 亿美元，约等于全球车企市值排名中第二名到第十名的总和。

特斯拉的迅速增值，离不开其顺应社会发展趋势的长远目光。当今世界，碳排放造成的全球气候变暖情况日益严重，气候变化成为当今世界面临最严峻的安全问题之一。特斯拉作为电动汽车和能源公司，致力于为每一个消费者提供其消费能力范围内的纯电动汽车，并加速全球向可持续发展能源的转变。有预测数据显示，如果碳排放量不加以控制，到 21 世纪末全球平均气温将会比工业化前升高 4℃左右，超过平均气温升高 2℃的阈值，人类生活可能会面临较大风险，实现碳中和势在必行。

特斯拉主打的电动汽车是环境友好型产品的代表，在未来极具潜力，但是相对于依然占据市场主体的燃油汽车存在着续航里程短、充电桩较少、充电时间长等痛点。为减少全球温室气体排放，同时进一步扩大电动汽车市场，特斯拉设计打造出一个完整的能源与运输生态系统，破解电动汽车困局，打造全方位可持续的绿色能源生态。

2012—2021 年，特斯拉通过太阳能光伏板发电 25.39TWh 清洁电力，已经超过了特斯拉工厂和车辆生产电耗的 25.27TWh，标志着特斯拉完成了碳中和，体现出其构想的"完整的能源与交通生产系统"的可行性。多年来特斯拉坚持清洁能源产出，从"生产—消费—回收"全链条推进产业生态系统进化，引领上下游企业绿色可持续发展。

● 打通上下游链路，构建新能源生态

2012 年，特斯拉凭借自主研发的家用储能设施 Powerwall 和中型商用储能设施 Powerpack，迅速切入能源领域并占据一席之地；2015 年，特斯拉成立能源部门，形成了小型家用级、中型商用级和大型共用级的储能产品梯级布局；2017 年，随着智慧能源管理平台 Autobidder 的推出，特斯拉完成了"车 + 桩 + 光 + 储 + 荷 + 智"新能源生态系统的整合，在上下游产业链中占据核心领导地位，打通了其分布式能源生态。

Autobidder 是集能源交易管理系统、实时交易控制系统和复杂算法库于一体的虚拟电厂智能平台。运用"分布式光伏 + 储能 + 充放电控制"策略，Autobidder 可以在车辆、电池、光伏设备等特斯拉生态系统甚至电网中自动调度能源电力、综合利用电能，是特斯拉分布式能源的核心和枢纽。

据特斯拉的数据测算显示，理论上来讲，太阳能产生的清洁能源可以满足美国的所有电力需求，特斯拉小型家用储能与光伏屋顶的共同售卖打造了"发—储—用"业务闭环，普通家庭联合使用特斯拉推出的 Solar Roof、Solar panels 与 Powerwall 太阳能收集与储存设备，可以享受到屋顶吸收能量、Powerwall 储能、电动车充电的一条龙服务，电能产生的盈余，可以为 Autobidder 提供大量的电能储备。

截至 2021 年 11 月，小型家用级储电设备 Powerwall 已经部署超 25 万个，在全球供不应求。工商业储能业务方面，特斯拉在中型商用级和大型公用级储能领域分别推出 Powerpack 和 Megapack 系列产品，以大容量、小体积、高延展性而著称。2021 年，特斯拉交付的储能产品超 4GWh，全球市占率超 15%（全球 25GWh）。

目前，特斯拉的核心能力已经从能源制造转向了 AI 技术，通过 Autobidder 能源管理软件让客户拥有稳定电网的同时，使电池资产货币化获利，给客户带来个性化服务和实施监督管理能源的权利。每户家庭利用 Powerwall 储备的富余电量，可以通过 Autobidder 平台将这些电能汇聚到 Powerpack 和 Megapack，并出售给电网公司获得收益，实现光伏业主、特斯拉和电网公司的三赢。截至 2021 年年初，Autobidder 管理的储能超过 1.2GWh，累计在全球范围内，提供了数千兆瓦时的电网服务。

- ● **实时交易控制，开源协议无边界兼容**

Autobidder 作为能源资产的实时交易和控制平台，可以为客户提供价格预测、负荷预测、发电量预测、调度优化和实时竞价等服务，自动将电池资产货币化。基于价值资产管理和投资组合优化，Autobidder 可以为所有者和运营商提供根据商业目标和风险偏好而作出的收入最大化智能匹配。通过硬件软件的无缝衔接，帮助使用者做到启动项目后的全天候收入获得。目前已有多种落地场景，如"集中式风光＋集中储""单用户光储充""多用户光储充"等。

Autobidder 使用开源协议，被称为"较宽松的公共许可证"。开源协议允许社会公众自行获得软件源代码，打破技术边界，根据自身需求生产相匹配的软件，增强用户体验，且可以将改进后的软件在社会面发行，大幅降低数字化成本的同时，保留与其他能源类产品的兼容窗口。这种开源代码除依靠特斯拉投入外，还可以被用户自行升级共享。客户可以将 Autobidder 升级改造为符合自己需求、适应各种用户状况的定制化平台，为其适用于其他公司的能源产品开拓了发展空间。通过这种方式，特斯拉得以收集用户代码，对代码进行更为专业化、系统化的升级，加快 Autobidder 轻量化部署，加快其更新迭代，实现市场多种能源产品的无边界兼容。

- ● **协同事业单位，实现共同进化**

2018 年，特斯拉联合南澳州政府启动了打造"世界上最大的虚拟电厂"实验，征集南澳 5 万户居民使用特斯拉光伏屋顶 Solar Roof 和家用电池 Powerwall，特斯拉聚合两者储存的清洁太阳能电力打造出的虚拟电厂总发电容量可达 250MW，电池储存容量达到 650MW·h。每户家庭均可自主发电和储能，Autobidder 引导将富余的电能汇聚到特斯拉公用事业储能设施 Powerpack，并出售给公用事业公司，实现了三者在清洁能源方面的共同进化。

2019 年，特斯拉位于澳大利亚南部的 Hornsdale Power Reserve 储能电站在高频电力交易中取得巨大成功，仅用两年时间收回成本。其间，南澳一座燃煤发电厂曾出现厂房跳闸事故，Autobidder 曾控制 Hornsdale Power Reserve 在 140 毫秒内向电网输送了 100MW 电力，成功保持了电网安全频率，为澳大利亚避免了近 1 400 万澳元的财产损失。

2020 年，特斯拉正式启动"英国能源计划"，并签署为"任何英国住户"提供发电的许可，标志着特斯拉在英国将成为一种可行的公共事业服务选择。英国电力系统运营商允许特斯拉储能电池组进入英国电网平衡机制市场，并引入 Autobidder 根据电能市场价格自行交易储存的电能。

● 打造绿色能源生态，达成多方价值共创

当前，碳中和正在成为全球可持续发展新趋势，低碳化、智能化、互联化是新型电力系统的发展方向，以太阳能、风能为代表的可再生清洁能源需求量不断增大。特斯拉通过自行研发的太阳能收集和储能设备积攒电力，建立可以智慧互连、柔性分配供需的分布式智能平台 Autobidder，整合特斯拉能源生态，主导新能源发电、储存、使用、调度等各个方面，全方位联动，与光伏业主、政府、电网无缝衔接，形成多方价值共创的局面。

普通家庭用电有保障，工商业企业主实现低耗能、低成本，政府可以为人民带来能源保障的同时构建环境友好型社会，特斯拉通过能源流转及开源软件生态得以赚取佣金，不断提高用户黏性，迭代智慧平台，为社会提供更加智能、功能完备的平台和绿色能源生态。

● 总结：生态系统演进是特斯拉发挥长板优势，把握时代风口的关键要素

特斯拉能源生态布局光伏和储能业务，上游参与电网竞价，下游与电动

汽车的使用形成闭环。在面对全球碳中和新形势中率先发力，为家庭业主、政府、电网提供了方便的智慧电能调度平台，拉动自身技术发展，确立智慧能源业务主导地位。因此，生态系统演进是特斯拉在清洁能源领域发挥长板优势，把握时代风口的关键要素。

2.5.2　苹果 App Store 生态战略

App Store，正式发布于 2008 年 7 月，是苹果公司旗下 iPhone、iPod Touch、iPad 以及 Mac 的服务软件，允许用户从 iTunes Store 或 Mac App Store 浏览和下载为 iPhone SDK 或 Mac 开发的应用程序，是全球安全性极高、极具活力的 APP 市场之一。

截至 2021 年，全球共有 175 个国家和地区的 6 亿名用户使用 App Store，但其只适配苹果 iOS 系统的特性，无形中设下了用户壁垒，随着谷歌 Andriod 系统的崛起，App Store 面临严峻的外部形势。根据 SensorTower 公布的最新数据，2021 年第三季度，用户在苹果 App Store 和谷歌 Google Play 的总消费达 340 亿美元。Google Play 的收入从 102 亿美元增至 121 亿美元，同比增长 18.6%。而苹果 App Store 收入从 190 亿美元增至 215 亿美元，增幅仅为 13.2%。Android 系统功能日益优化，软件市场日渐规范化，使得 App Store 在性能方面的优势并不明显。相反，Android 系统以其可定制性、自由市场、与台式机的强交互性和价位可选择度高等优势迅速扩张，App Store 面临强大的竞争对手。

作为包含了整个苹果软件产业链生态的 App Store，想要提高用户黏性，大量留存头部客户，必须发挥双边市场优势，协调用户、应用开发商、苹果公司三方利益，优化生态系统组织结构。苹果 iOS 系统是封闭性平台，其用户端的优势在于系统高流畅度、纯净安全的用户体验和独立小众的差异化产品；开发者端的优势在于不存在复杂的商业关系和产权纠纷，并且以 3∶7 的利润分成将"大头"给到开发者，高额利润吸引了无数第三方软件提供者参与生态建设。良好的生态系统演进方式是 App Store 以一敌百，面对强大竞争对手而不落下风的关键要素。

● 占据主导地位，支持开发者创意转化

App Store 作为整个苹果软件产业链的生态系统，包含了开发者、平台与操作系统的互动、互利与互依关系。同时又是典型的双边平台（定价与其他战略受平台两边间接网络效应强烈影响的企业），App Store 以 iOS 系统为核心，各类 App 承载于这个手机操作系统平台之上，并通过用户下载的方式对外辐射（图 2-4）。

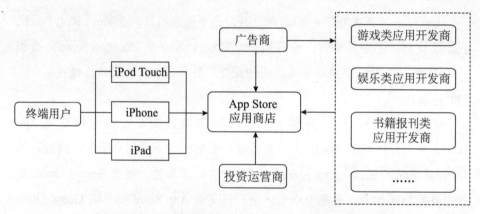

图 2-4　基于 App Store 的 iOS 平台生态系统

App Store 可以看作一个服务发布的渠道，一个供全球 App 开发者们用自己的创意与热情帮助用户保持沟通联络、身心健康，提供消遣娱乐的商业平台。根据苹果发布的最新数据显示，App Store 全球开发者数量已超 3 000 万人，其中大中华区开发者总数达到 500 万人以上。

在开发者们将新创意变成现实的过程中，App Store 发挥了关键支持作用，提供了方便高效的软件销售平台，从而占据生态链主导地位，拥有销售分成话语权。

● 开展无边界化合作，支持中小型开发者

2008 年 3 月，苹果公开发布针对 iPhone 的 SDK 应用开发包，方便第三方应用开发商免费下载后开发支持 iPhone 的应用软件。同年，苹果与 KPCB 合作成立 iFund 基金，专项鼓励第三方基于 iOS 系统的各项开发活动，并通过苹果全球开发者大会为开发商提供专业技术指导及培训。同年，App Store

通过引入内容付费模式，所得收益与开发者分成，吸引了大量应用开发商。2008 年 9 月，App Store 上线仅半年，就拿到了总应用突破 3 000 款，下载量突破 1 亿次的傲人成绩。

2009 年 3 月，苹果宣布再新增 1 000 个 API 接口，以鼓励更多应用开发商加入 App Store 生态。截至同年 4 月，App Store 已经拥有了 35 000 款应用，但市场的激烈竞争导致其定价普遍偏低，部分小型开发者甚至出现入不敷出的现象。苹果为解决应用开发商的困境，创造性地在 App Store 新增了应用内付费模式。这一功能不仅解决了开发者的燃眉之急，App Store 的应用数量和质量都得到了飞跃式提升。

App Store 为开发者提供了一个全球化平台，开发者可以在平台上得到全球交易的机会。App Store 的分发模式，可以让开发者创作的优质软件在全球 175 个国家和地区的 Apple 平台上被轻松发现和下载。

苹果迄今为止已经为超过 3 000 万名应用开发者提供了各类工具、技术和资源的支持，推出了超过 25 万个以上的 API 和超过 40 个以上的 SDK，鼓励开发者为全球平台上超 10 亿用户创造并交付软件。

为激励中小型开发者，苹果出台专项佣金优惠政策，加入 App Store 小型企业计划的开发团队均可享受佣金费率降至 15% 的优惠。苹果通过这种方式支持年营收不足 100 万美元的小型开发团队或独立开发者。

● **达成共同进化，与开发者相互成就**

根据美国 Analysis Group（安诺析思国际咨询公司）2021 年发布的《App Store 生态系统的全球视点》的研究报告，在 App Store 上销售数字产品与服务的开发者借助 Apple 平台触及全球用户的同时，也为自身业务带来了增长，同时惠及团队。

从 2011 年开始，美国和欧洲以 iOS 生态为商业核心的公司中，有 75 家实现了出售或上市，总估值达到 5 000 亿美元。2015 年以来，指定年份中全部 App 累计下载量小于 100 万次，且收入小于 100 万美元的全球小型开发者数量增长了 40% 以上，在 App Store 中更是占到了 90%，有超过 1/4 的小型开发者在过去五年中平均年收入增长达到至少 25%。App Store 上至少 80%

的小型开发者活跃在多个国家的应用商店里。这些开发者平均从超过 40 个国家的用户身上获得了收入。

苹果 App Store 生态系统本身，在 2020 年创下 6 430 亿美元的账单与销售额，相比 2019 年的 5 190 亿美元同比增长 24%，达成了平台与开发者的互惠互利，实现了企业间的相互促进，共同进化。

● **实现价值共创，用户、开发者、平台三赢**

苹果通过 App Store 建立了用户、开发者、平台三赢的商业模式，使手机软件行业进入了良性、高速的发展轨道，实现了生态链价值共创。

苹果公司：掌握 App Store 的开发与管理权，以平台掌控者身份赚取利润。负责提供平台和开发的工具包；负责应用营销工作；负责应用收费并按月结算给开发者；帮助开发者了解用户需求，公开数据分析结果并提供指导性意见。

开发者：应用软件的上传者，借助 App Store 平台推广自己，从中获益。负责应用程序的开发，并自主运营平台产品，如自主定价或调价等。

用户：应用程序的体验者。通过 App Store 提供的服务，便捷地获得更多实用软件。

● **总结：生态系统演进是 App Store 面对强大竞争对手而不落下风，并且抢占先机的关键要素**

在 App Store 面对 Android 应用市场强势崛起时，苹果从技术、资金等不同方面为开发者持续提供便利与支持，优化生态链系统，为 App Store 发挥优势抢占市场先机开辟了良好道路。因此，生态系统演进是 App Store 面对强大竞争对手而不落下风的关键要素。

参考资料

[1] 美的楼宇科技转型"智慧建筑解决方案服务商"[EB/OL].http://news.10jqka.com.cn/20220609/c639684082.shtml.

[2] 美的：开启零碳智慧园区加速度 [EB/OL].https://xw.qq.com/cmsid/20220617A08R2U00.

[3] 吕铁，李载驰.数字技术赋能制造业高质量发展——基于价值创造和价值获取的视角

[J]. 学术月刊，2021,53(04):56-65+80.

[4] 京东营销 360 再进化：营销变"透明"了！播报文章 [EB/OL].https://baijiahao.baidu.com/s?id=1680962001040330184&wfr=spider&for=pc

[5] 京东营销 360 进化论：全渠道、全场景、全链路的营销蜕变 [EB/OL].https://baijiahao.baidu.com/s?id=1667633991229412928&wfr=spider&for=pc

[6] 亚马逊的商业理念——飞轮理论 [EB/OL].https://www.chyxx.com/industry/202106/958922.html

[7] 为什么 AWS 眼中没有竞争对手？也许我们都误解了 AWS……[EB/OL].https://baijiahao.baidu.com/s?id=1690750004876894681&wfr=spider&for=pc

[8] 市值 1.6 万亿美金，亚马逊的"Day1"文化 [EB/OL].https://baijiahao.baidu.com/s?id=1724068353485295597&wfr=spider&for=pc

[9] 亚马逊卖家 5 大促销活动：秒杀、7 天促销、Prime 会员日折扣等 [EB/OL].https://www.egainnews.com/article/6053

[10] 深度解析亚马逊 A9 算法，收获更多流量 [EB/OL].https://zhuanlan.zhihu.com/p/384421121

[11]FBA 又要涨价？亚马逊物流能为卖家带来什么？ [EB/OL].https://www.egainnews.com/article/11001

[12] 报告：亚马逊占 2021 美国电商市场份额 41.8%[EB/OL].https://www.dsb.cn/176000.html

[13] 贾兰.亚马逊云科技连续第 7 年被 Gartner 评为云数据库领导者 [J].计算机与网络，2022,48(1):73.

[14] 可口可乐公司——百度百科 [EB/OL].https://baike.baidu.com/item/%E5%8F%AF%E5%8F%A3%E5%8F%AF%E4%B9%90%E5%85%AC%E5%8F%B8/1612740

[15] 可口可乐公司成功营销案例：以整个市场为目标的无差异营销 [EB/OL].http://www.iqinshuo.com/224.html

[16] 可口可乐宜家沃尔玛：数字化创新究竟做对了什么？ [EB/OL].https://new.qq.com/omn/20200720/20200720A0WW5500.html

[17] 快消品数字化升级的大潮下，可口可乐创新了哪些的玩法？ [EB/OL].https://www.sohu.com/a/238743695_99890220

[18] 精益与数字化：可口可乐数字化转型成功的关键 [EB/OL].https://www.ciandt.com.cn/cn/zh-hans/article/lean-and-digital-success-coca-colas-digital transformation

[19] 中金看海外：可口可乐与其百年红色帝国 [EB/OL].https://fifinance.sina.com.cn/stock/stockzmt/2020-05-06/doc-iircuyvi1525052.shtml

[20] 可口可乐与百事公布 2021 年财报 [EB/OL].https://xueqiu.com/8014256486/211233901.

[21] 苹果公司——百度百科 [EB/OL].https://baike.baidu.com/item/%E8%8B%B9%E6%9E%9C%E5%85%AC%E5%8F%B8/304038#1_2

[22] 苹果公司的发家史 [EB/OL].https://zhuanlan.zhihu.com/p/369159505

[23] 苹果成立 40 周年：24 款明星产品全搜罗 [EB/OL].https://www.sohu.com/a/67393950_114822

[24] 苹果往事：乔布斯的 iPod 是如何诞生的？ [EB/OL].https://www.36kr.com/p/714370728735233

[25] 苹果——各产品占苹果营收比重 [EB/OL].https://sc.macromicro.me/collections/21/us-apple/243/global-iphone-sales-ratio

[26] NIKE——百度百科 [EB/OL].https://baike.baidu.com/item/NIKE/162898

[27] NIKE（NKE.US）成功之道：轻资产运营下三架马车研发、营销与渠道全面领先行业 [EB/OL].https://fifinance.ifeng.com/c/7vGciN4uifV

[28] 价值链分析法——百度百科 [EB/OL].https://baike.baidu.com/item/%E4%BB%B7%E5%80%BC%E9%93%BE%E5%88%86%E6%9E%90%E6%B3%95/5298064

[29] NIKE 的世界工厂物流与供应链管理 [EB/OL].https://www.sohu.com/a/252751997_818836

[30] 波音公司——百度百科 [EB/OL].https://baike.baidu.com/item/%E6%B3%A2%E9%9F%B3/23608

[31] 波音供应链战略的演变历程 [EB/OL].https://zhuanlan.zhihu.com/p/342491881

[32] 美国波音公司堪称经济全球化之路的成功典范 [EB/OL].http://news.carnoc.com/list/93/93880.html

[33] 波音 787 颠覆了供应链的模式，却换来惨痛教训！ [EB/OL].https://www.sohu.com/a/120338019_505787

[34] 波音—全球整合，集成飞翔 [EB/OL].http://www.chinavalue.net/BookSerialise/BookShow.aspx?ArticleID=65878

[35] 李政 . 基于波音 787 的全球供应链战略模式研究 [J]. 科技促进发展，2012(5):97-102.

[36]【2022 特斯拉投资策略】布局全生态系统做汽车界的苹果公司 [EB/OL].http://stock.10jqka.com.cn/20211215/c635104658.shtml

[37] 特斯拉深度研究报告：第一性原理驱动，新能源革命引领者 [EB/OL].https://xw.qq.com/amphtml/20220422A03S6V00

[38] 吴建军，王文生 . 智慧能源管理平台支撑需求侧变革——以特斯拉智慧能源平台 Autobidder 建设为例 [J]. 中国电力企业管理，2021,(10):29-32.

[39] 桂原，吴建军，王文生 . 特斯拉新能源生态闭环 [J]. 企业管理，2021(07):72-76.

[40] 特斯拉和南澳政府将为 5 万户家庭安装太阳能板和电池南澳或成"世界最大虚拟电厂" [EB/OL].https://www.163.com/dy/article/D9SFHTTJ0514DIDM.html

[41] 苹果：大中华区注册开发者数量现已超过 500 万 [EB/OL].https://www.ithome.com/0/620/589.htm

[42] 2021 年第三季度，用户在苹果 AppStore 总消费达 215 亿美元 [EB/OL].https://www.ithome.com/0/578/746.htm

[43] APPStore 模式：完整的软件产业链生态系统 [EB/OL].https://wenku.baidu.com/view/7a1bf25df76527d3240c844769eae009591ba271.html

[44] 施必翔，唐方成，刘锐剑 . 平台到生态系统成长的势效应——基于 iOS 移动操作系统的案例研究 [J]. 科技进步与对策，2021,38(3):1-10.

[45] 都说被剥削，那么谁在苹果生态里赚钱？ [EB/OL].https://xw.qq.com/cmsid/20220527A01W6R02

[46] 项有建 .AppStore 模式：完整的软件产业链生态系统 [J]. 软件工程师，2009,(7):44-45.

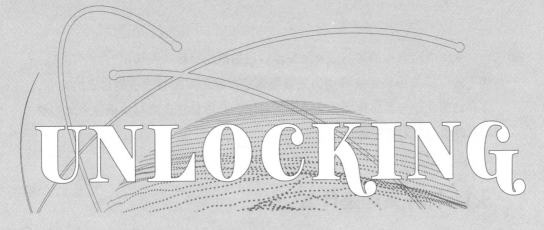

第 3 章

战略诊断：

对标数字化标杆企业还差多远

A Roadmap for Achieving

Digital Growth in

Business

　　企业战略重构的第三步就是发现自己的战略盲区。在认识到数字经济时代下的市场趋势和企业成功的关键要素后，我们要把目光放到自己的企业，将自己的企业与数字化标杆企业进行对比，分析标杆企业与本企业之间的差距，并找到未来的前进方向。

3.1　标杆管理是什么

　　标杆管理是以在某一项指标或某一方面实践上竞争力最强的企业（产业或国家）或行业中的领先企业或组织内某部门作为标杆，将本企业（产业或国家）的产品、服务管理措施或相关实践的实际状况与这些标杆进行定量化评价和比较，分析这些标杆企业（产业或国家）的竞争力强的原因，在此基础上制定、实施改进的策略和方法，并持续不断反复进行的一种管理方法。

3.2　对标数字化标杆企业可以找到未来的改进方向

　　在数字经济时代，技术迭代速度加快，企业纷纷采用数字技术加速信息的收集和处理过程，导致市场竞争激烈化。在这个快节奏的时代，企业如果不能保持增长、不断进步，就会逐渐被市场淘汰。进一步来说，企业想要不断进步，总需要一个前进的方向，若是方向错误，所有的努力只能加速企业坠入深渊。此时，标杆管理的重要性就体现出来了。

　　"以铜为镜，可以正衣冠；以古为镜，可以知兴替；以人为镜，可以明得失。"

　　对于企业而言，以行业内领先的数字化企业为"镜"，与自身进行对比分析，就可以发现自身的不足，找到明确的追赶目标，把握未来的前进方向，进而通过改善不足保持前进的步伐。这正是企业进行标杆管理的意义。

3.3 使用五维测量表对标数字化标杆企业

3.3.1 能力测量表使用帮助

为了便于读者能够量化分析本企业与标杆企业之间的差距，本章设计出五个企业能力测量表，分别测量企业的顾客价值主张能力、顾客价值创新能力、组织边界突破能力、生态系统演进能力和数字技术赋能能力。李克特式量表是社会调查研究中最广泛使用的量表形式，主要考察群体的态度。读者可以通过填写表 3-1 到表 3-5 分别测量企业的五种能力。

表 3-1 顾客价值主张能力测量表

中间指标	基础指标	权 重	评 分
经济价值	指标 1：产品服务的实际性价比高	1/3	
	指标 2：产品服务的感知性价比高	1/3	
	指标 3：顾客购买产品服务的综合成本低	1/3	
功能价值	指标 4：产品具备核心功能	1/3	
	指标 5：产品具备增值功能	1/3	
	指标 6：产品具备核心技术	1/3	
心理价值	指标 7：产品具有品牌知名度	1/3	
	指标 8：产品具有品牌美誉度	1/3	
	指标 9：产品有利于顾客持续使用该品牌	1/3	
社会价值	指标 10：产品绿色环保	1/3	
	指标 11：产品符合社会价值观	1/3	
	指标 12：产品有利于公益事业	1/3	

表 3-2 顾客价值创新能力测量表

评 价 指 标	权 重	评 分
指标 1：企业拥有满足顾客价值的新策略（第一曲线）	1/3	
指标 2：企业拥有创新顾客价值的新方法（第二曲线）	1/3	
指标 3：企业持续挖掘顾客价值需求	1/3	

表 3-3　组织边界突破能力测量表

评价指标	权　重	评　分
指标 1：企业通过与上游供应商合作提高效率	1/3	
指标 2：企业通过与下游销售企业合作提高效率	1/3	
指标 3：企业使用数字化技术赋能纵向边界突破	1/3	

表 3-4　生态系统演进能力测量表

中间指标	基础指标	权　重	评　分
核心角色	指标 1：企业拥有洞察顾客的能力	1/3	
	指标 2：企业拥有产业链定价权的能力	1/3	
	指标 3：企业拥有产业资源整合的能力	1/3	
无边界化	指标 4：企业拥有合作上下游资源的能力	1/3	
	指标 5：企业拥有合作竞争对手的能力	1/3	
	指标 6：企业拥有合作顾客的能力	1/3	
共同进化	指标 7：企业与价值链上游供应商合作伙伴共同成长	1/3	
	指标 8：企业与价值链下游营销商合作伙伴共同成长	1/3	
	指标 9：企业与顾客共同成长	1/3	
价值共创	指标 10：企业拥有提升产业链价值的能力	1/3	
	指标 11：企业拥有降低产业链成本的能力	1/3	
	指标 12：企业拥有推动顾客与企业共赢的能力	1/3	

表 3-5　数字技术赋能能力测量表

中间指标	基础指标	权　重	评　分
数据驱动	指标 1：企业完成了一线顾客数据的采集	1/3	
	指标 2：企业完成了中台运营数据的采集	1/3	
	指标 3：企业完成了后台管理数据的采集	1/3	
信息融合	指标 4：企业实现了上游企业与自身的信息融合	1/3	
	指标 5：企业实现了自身前一中一后的信息融合	1/3	
	指标 6：企业实现了自身与产业下游企业的信息融合	1/3	
智能迭代	指标 7：企业实现了数字赋能服务顾客	1/3	
	指标 8：企业实现了数字赋能中台运营	1/3	
	指标 9：企业实现了数字赋能后台管理	1/3	

在使用能力测量表时，可结合本企业实际情况对每个基础指标进行打分。比如表 3-1 指标 1 的描述是"产品服务的实际性价比高"，读者将该描述与企业实际情况对比，"非常符合" 5 分、"符合" 4 分、"一般" 3 分、"不符合" 2 分、"非常不符合" 1 分。在打分完毕后，读者可根据表后的计算公式算出企业该项能力的最终得分（满分为 10 分）。

3.3.2　顾客价值主张能力测量

顾客价值就是顾客能够感知到的价值，主要包括经济价值、功能价值、心理价值和社会价值四个方面。因此测量企业的顾客价值主张能力就是评价企业的产品或服务为顾客创造上述四种价值的情况。

基于企业实际情况对表 3-1 的 12 个指标进行打分，非常符合 5 分、符合 4 分、一般 3 分、不符合 2 分、非常不符合 1 分。将每个指标的分数乘以权重，全部加起来再除以 2，就得到了最终评分。

计算公式为 $\sum_{i=1}^{n} w_i \times p_i / 2$，其中指标数 n=12，w_i 代表第 i 个指标的权重，p_i 代表第 i 个指标的评分。

举个例子，企业 A 想要测量自身的顾客价值洞察能力，结合企业实际情况对表 3-1 的 12 个指标进行评分，12 个指标的评分结果为: [1,2,3,4,5,1,2,3,4,5,1,2]。

根据公式计算：

1/3×（1+2+3+4+5+1+2+3+4+5+1+2)/2=5.5

那么企业顾客价值洞察能力最终得分为 5.5 分（满分为 10 分）。

3.3.3　顾客价值创新能力测量

企业主要通过发展第二曲线实现价值创新，因此测量企业的顾客价值创新能力主要关注企业能否在主营业务发展到巅峰之前开辟新的业务，能否发展更多的第二曲线。

基于企业实际情况对表 3-2 的 3 个指标进行打分，"非常符合" 5 分、"符合" 4 分、"一般" 3 分、"不符合" 2 分、"非常不符合" 1 分。将每个指标的分数乘以权重，全部加起来再乘 2，就得到了最终评分。

计算公式为 $\sum_{i=1}^{n} w_i \times p_i \times 2$，其中指标数 $n=3$，w_i 代表第 i 个指标的权重，p_i 代表第 i 个指标的评分。计算公式的运用方式参见第 3.3.2 节的例子。

3.3.4　组织边界突破能力测量

边界突破的方式主要为无边界组织的构建，无边界组织的构建主要从纵向边界、横向边界、心理边界和地理边界这四个方面进行突破。因此测量企业的组织边界突破能力也是从这四个方面进行。

基于企业实际情况对表 3-3 的 3 个指标进行打分，"非常符合" 5 分、"符合" 4 分、"一般" 3 分、"不符合" 2 分、"非常不符合" 1 分。将每个指标的分数乘以权重，全部加起来再乘 2，就得到了最终评分。

计算公式为 $\sum_{i=1}^{n} w_i \times p_i \times 2$，其中指标数 $n=3$，w_i 代表第 i 个指标的权重，p_i 代表第 i 个指标的评分。计算公式的使用方式参见第 3.3.2 节的例子。

3.3.5　生态系统演进能力测量

企业生态系统具有核心角色、无边界化、共同进化和价值共创这四个特征。因此测量企业的生态系统演进能力主要评价上述四个方面的情况。

基于企业实际情况对表 3-4 的 12 个指标进行打分，"非常符合" 5 分、"符合" 4 分、"一般" 3 分、"不符合" 2 分、"非常不符合" 1 分。将每个指标的分数乘以权重，全部加起来再除以 2，就得到了最终评分。

计算公式为 $\sum_{i=1}^{n} w_i \times p_i / 2$，其中指标数 $n=12$，w_i 代表第 i 个指标的权重，p_i 代表第 i 个指标的评分。计算公式的使用方式参见第 3.3.2 节的例子。

3.3.6　数字技术赋能能力测量

企业实现数字赋能的方式主要包括数据驱动、信息融合与智能迭代。因此测量企业的数字技术赋能能力主要评价上述三个方面的情况。

基于企业实际情况对表 3-5 的 9 个指标进行打分，"非常符合" 5 分、"符合" 4 分、"一般" 3 分、"不符合" 2 分、"非常不符合" 1 分。将每个指标的分数乘以权重，全部加起来再乘 2/3，就得到了最终评分。

计算公式为 $\sum_{i=1}^{n} w_i \times p_i \times 2/3$，其中指标数 $n=9$，w_i 代表第 i 个指标的权重，p_i 代表第 i 个指标的评分。计算公式的使用方式参见第 3.3.2 节的例子。

3.3.7　雷达图对比分析

雷达图法用于综合评价，将评价对象系统的评价指标状况用二维平面图形呈现出来，该图形往往与导航雷达显示屏上的图形十分相似，因而得名"雷达图"。

本文对企业发展程度进行综合评价的指标包括顾客价值主张能力、顾客价值创新能力、组织边界突破能力、生态系统演进能力和数字技术赋能能力这五个核心要素。企业若想清晰认识自身与目标企业的差距，可以通过完成上文给出的五个能力测量表分别计算出标杆企业和本企业的得分情况，最后绘制雷达图进行对比分析。

如果想从宏观角度分析本企业与标杆企业在五个核心要素方面的差距，可以绘制如图 3-1 所示的雷达图。如果想要更细致地了解本企业与标杆企业的差距，可根据中间指标进行对比分析，绘制如图 3-2 所示的雷达图。

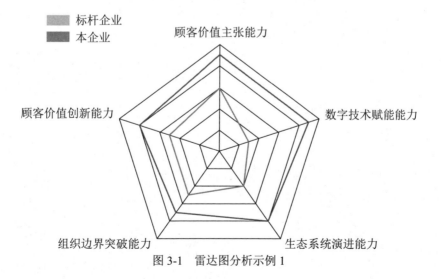

图 3-1　雷达图分析示例 1

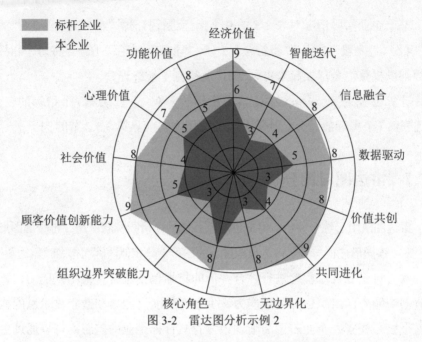

图 3-2　雷达图分析示例 2

通过雷达图对比分析认识到与标杆企业之间的差距之后，就可以有意识地完善本企业的薄弱部分，不断提升自身的各项能力，尽可能缩小自身与标杆企业之间的差距。

参考文献：

[1] 孔杰，程寨华 . 标杆管理理论述评 [J]. 东北财经大学学报，2004(2):3-7.
[2] 郑惠莉，刘陈，翟丹妮 . 基于雷达图的综合评价方法 [J]. 南京邮电大学学报（自然科学版），2001(2):75-79.

第 4 章

战略设计：

数字经济下的企业增长战略顶层框架

A Roadmap for Achieving

Digital Growth in

Business

4.1　数字经济下企业增长的初衷

4.1.1　探寻产生焦虑的本质原因

在本书的前言部分，我们罗列出了数字经济时代下的十种典型焦虑，其中既包括企业对于数字化转型的迷茫，也包括企业对于未来增长的担忧，还包括企业对于数字经济时代国际环境、竞争对手的疑虑等等，这些焦虑严重阻碍了企业在数字经济时代的发展。正如看病诊断需要先确定病因一样，我们在探寻如何解决这些焦虑之前，还需要探寻产生焦虑的本质原因。那为何会产生上述焦虑呢？简而言之，是因为环境变了，而企业没变。在数字经济时代，技术创新、技术普及的速度加快，使得企业的经营环境发生了翻天覆地的变化。一切都在被重新定义，而与此同时，并不是所有企业都能马上适应变化。实际上，能积极拥抱变化的企业少之又少，绝大多数企业都不知道该不该变、如何变，只能沿着原有的路径继续走下去。然而，依照旧地图，怎么可能会发现新大陆呢？当企业发现自己的增长越来越乏力，而同行却越走越远时，焦虑就油然而生。

更具体地来说，产生焦虑的本质原因，是企业的战略规划，与数字经济时代的环境变化不匹配。企业的战略规划还是老一套，但数字经济时代的环境变化给企业带来了新的要求，这就是症结所在。接下来我们从业务战略、组织战略两个方面来分析为何会不匹配。

● 业务战略不匹配

（1）从前：以同行业对抗为思考起点，通过比较优势、满足需求来寻找增长。

在工业时代，企业的业务战略是以同行业间的对抗为起点的，其生存空间来源于"比较优势"和"满足需求"，也就是看行业中其他企业在做什么业务，自己也完全可以做同样的业务。依靠微创新，只要自己比别人优势多一些，满足顾客需求做得好一点，就能够在市场中胜出。

中国 Web 2.0 早期一批创业企业，比如人人网、开心网，其商业模式可以追溯到美国的 Facebook，微博对标的是 Twitter，再比如美团、大众点评等团购应用，其商业模式最初源于国外的 Groupon，他们的成功都源于在中国市场进行了较为成功的本土化改良和落地。但其面临的行业内竞争要更激烈得多，当年著名的"百团大战""打车大战"仍让人记忆犹新。谁补贴得更狠，谁让顾客感觉到更便宜，谁就是最终的胜利者。

然而，到了数字经济时代，这种做法似乎已经不那么适用。一方面，中国互联网已经成长起了许多大型企业，许多商业模式都走到了世界前列，如今不再是我们复制别人，而是别人复制我们。另一方面，数字技术的迅速发展、迅速普及，使得供应链越发成熟，这让中小企业的复制门槛变低，产业极速催熟，企业之间形式上的差异性在被快速拉平。例如苹果推出的蓝牙耳机 Air Pods，一经上市就作为创新产品备受追捧。然而几个月内，所有市面上的蓝牙耳机都迅速更新换代。再如直播带货，从以前的意见领袖、明星名人，到现在的全民直播带货，其普及速度可以说是惊人的。

由此可见，从前的业务战略在数字经济时代已不再适用。

（2）现在：以顾客价值为起点、创造需求的综合竞争

如果只以行业内的竞争为业务战略的切入点，那么我们在数字经济时代将走得非常艰难。机会来源于行业，但是行业是否得以存在并发展，取决于行业对顾客价值创造的贡献。只有将思考起点回归到顾客，围绕多维度的顾客价值去满足需求、创造需求，才能在数字经济时代实现弯道超车。

这就要求企业全方位提升自己的综合竞争能力，并实现差异化。举个例子，名创优品在"十元店"这个看似很难差异化的领域实现了消费升级，从"居家好物小店"走向了美股市场。

名创优品敏锐地洞察到了消费升级的大趋势，一方面当时以"90 后"为代表的年轻群体拥有更强大的消费力，消费频次相对更高；另一方面年轻群体对品质、颜值也有更高要求，传统廉价感、山寨感的小件商品无法满足其需求。因此，名创优品在成立之初就一直遵循产品为王的理念，秉持"三高三

低"原则："高颜值，高品质，高频率；低成本，低加价，低价格"。同时，名创优品在产品设计风格上不断创新，始终追求"简约风的高级感"，不断推出让顾客眼前一亮的产品。这便是我们说的以顾客价值为起点、创造需求。

而数字化能力是其实现该原则的重要保障，一是通过与 IBM 的合作，打造以 SAP 为核心系统的全球业务运营服务平台，并对物流、运营等进行全方位的数字化变革。通过数据中台，名创优品可在前端实现对产品动线的调整，并在后端实现精准的采购补货，快速周转。二是在全国建立了七大仓储中心，高效的供应链使名创优品能够实现生产的灵活性、快速的库存周转、快速产品迭代并获得采购成本优势。这样的数字化能力，也使得名创优品得以在疫情全球化的大背景下，第一时间洞察市场变化，并快速调整策略。

由此可见，在数字经济时代，顾客价值才是业务战略的立足点，企业需要围绕着顾客价值，通过提升自己的综合竞争能力，不断满足需求、创造需求。

● 组织战略不匹配

（1）从前：采用"竞争战略"

首先，我们这里强调的组织战略是外部战略，也就是企业与企业之间的关系。在工业时代，这种外部组织战略往往是竞争战略，对于业务而言，它从业务范围、业务实现两个方面限制着企业。

从业务范围维度来看：外部产业条件决定了企业需要做什么。从前的产业链发展相比现在并不成熟，企业要想开展一项业务，往往是采用全产业链的方式，与其他企业"硬碰硬"。

从业务实现维度来看：资源能力决定了企业能否将业务落地，例如生产沙发，如果企业全凭自己来生产沙发，那么，木材、钢铁等原材料都得由企业来买，加工也需要由企业来负责，同时企业还要考虑到运输仓储，以及组装等问题，最后还要进行家具的分销和零售。而这些都是企业在工业时代不得不考虑的问题。

（2）现在：采用"共生战略"

数字经济时代，产业链逐渐被解构，越来越"原子化"，大家的分工越来越细，越来越专注。同样是以做沙发举例，我可以选择生产沙发，也可以负责运输仓储，还可以选择销售或任何一个步骤，而其他步骤，便可以交给行业中的其他企业来完成。这时，企业的组织战略就完全变了，从"竞争战略"变为了"共生战略"。对于企业而言，或许原来的竞争对手仍然存在，但"朋友"增加了，合作比竞争更重要了，企业只有与合作伙伴共生发展，才能应对更艰难的挑战、更多变的环境。对于业务而言，其同样带来了业务范围、业务实现两个方面的变化。

业务范围：在数字经济时代，以顾客价值为立足点，凡是可以创造顾客价值的业务，企业都可以尝试去开展。因此业务范围不再受行业限制，可以跨界。

业务实现：数字经济时代将竞争转变成了竞合，不再看重企业是否具有资源和能力，而是看其可以连接什么资源和能力，企业间的协同、合作显得尤为重要。

4.2　数字经济下的企业增长战略顶层框架

4.2.1　数字经济下的战略重构逻辑

在上一小节我们了解到，正是由于企业在业务、组织战略设计上与数字经济时代的要求产生了不匹配，才导致了各种各样的焦虑。因此，我们有必要进行战略重构，使企业在数字经济时代的战略顶层设计与要求高度匹配，指引企业在数字经济浪潮中的前进方向。

所谓"重构"，是指重新思考、重新定义、重新设计、重新构造。企业战略重构的目的就是使企业的发展方向、运营模式及其相应的组织方式、资源配置方式发生整体性转变，构建全新的商业逻辑，改变传统的经营形态，以适应数字经济时代的变化。经过第 2 章对数字时代企业成功要素的整理归纳，我们可以发现，这些企业往往都遵循着这样一种发展逻辑：

● 以数字技术为支撑，通过顾客价值立足当下，并寻找未来新的发展方向。同时由自己出发，走向产业，走向生态

例如，腾讯在发展前期，洞察了当时人们对即时通信与社交的需求，因

此腾讯以顾客价值为立足点，通过 QQ 改变了国人的沟通方式。找到立足点后，腾讯又凭借游戏业务这一新的增长点，拓展原有用户的需求，开启了高速的增长。到了发展后期，腾讯依托自身 QQ、微信等积累的用户资源，走向跨界融合，逐步构建起涵盖电商、金融、影视等多方位的生态圈。

亚马逊同样是一个典型的例子，在发展前期，亚马逊围绕着一个价值主张，那就是线上零售是大势所趋，读者能通过线上购书节省时间和成本。因此亚马逊以线上图书零售为切入点，致力于成为"地球上最大的书店"。到了发展中期，亚马逊开始业务拓展，积极挖掘 C 端用户需求，包括影视、音乐等，致力于成为最大的"综合服务零售商"。到了发展后期，亚马逊依托自身的云计算、线上基础设施等能力，开始构建物联网生态。

再看华为，华为从发展前期做自有品牌交换机，到现在为运营商客户做一揽子"交钥匙"方案，都是围绕着顾客价值进行的，华为始终在深化客户关系，与客户达成更多交易。在发展中期，通过其构建的云—管—端一体化架构，不断拓展产品和服务内容，不断放大客户价值。在发展后期，华为积极布局基于自身的鸿蒙、鲲鹏智能云生态，向人工智能物联网、智能汽车等行业跨界。

（1）要点一：从时间维度上，可以划分为当下和未来两个方面进行顶层设计

从上述案例可以看出，战略重构并不是只为适应市场的短期竞争而采取的权宜之计，而是一种长期的，从战略方向、运营模式到组织管理上的根本性转变，这种重构应当使得企业能够预见未来，并能把握住未来的发展趋势。因此，企业的战略不仅要回答企业今天需要做什么，还要能够回答企业明天需要做什么。所以，从时间维度上，企业战略重构可以从当下和未来两个方面进行顶层设计。

（2）要点二：从规模维度上，战略的底层逻辑逐渐从竞争逻辑转向了共生逻辑，由企业到产业，由产业走向跨界

此外，通过上述案例，并结合上一小节的讨论，我们不难看出，在数字经济时代，战略的底层逻辑逐渐从竞争逻辑转向了共生逻辑，企业需要关心的问题，就是自身如何从小企业发展成大企业，怎样实现由单一企业到产业

协同，再由产业协同走向跨界共生。因此，从规模维度上，我们又可以将战略重构的顶层设计划分为企业和产业两个层面，探讨企业如何通过战略重构实现自身组织边界的突破，进而构建自己的生态系统。

（3）要点三：数字技术是企业实现时间与规模维度共同发展的必要支柱

在数字经济时代，一切都正在转换为数据，能否对数据进行良好的收集、处理与运用，直接决定了企业在时间维度上能否走得更远，在规模维度上能否发展壮大。而对数据的收集、处理与运用，主要就是通过数字技术来实现的。结合上述的三个案例，每个案例中的企业核心能力构建，均脱离不了数字技术的赋能。无论是腾讯对用户数据的积累与运用，还是亚马逊的云计算能力与线上基础设施能力，抑或是华为自主研发的鸿蒙系统、昇腾智能云，都是支撑其实现顾客价值、不断创新、走向产业、走向生态的关键能力。

● 顶层框架：数字经济时代的企业增长战略蓝图

如此一来，我们从时间和规模两个维度出发，同时结合数字经济的时代特点，构建出了数字经济下的企业增长战略顶层框架，如图 4-1 所示。

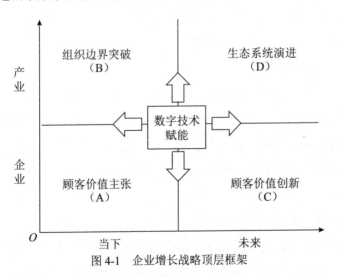

图 4-1　企业增长战略顶层框架

图中，横坐标轴表示时间维度，分别从当下和未来两个角度进行企业战略重构；纵坐标轴表示规模维度，描绘了企业如何通过企业增长战略实现从单一企业走向产业集群的过程。顶层框架共包含五个要素：数字技术赋能、顾客价值主张、组织边界突破、顾客价值创新以及生态系统演进。五个要素的主要释义与逻辑联系如下。

（1）顾客价值主张

首先，对于企业来说，当下最重要的事情，是洞察顾客价值，即对顾客的需求进行深度挖掘，因为在数字经济时代，顾客是解开战略选择谜题的唯一钥匙，顾客是我们在不确定中唯一确定的要素，只有紧紧地跟随着顾客，紧紧地为顾客创造价值，企业的战略才不会出现偏差。

（2）组织边界突破

当明确了自身的顾客价值主张之后，企业要想实现由小变大、由大变强的发展，必须提高自己的生产效率，而效率的提高，在数字经济时代主要体现为合作，通过合作共生的方式实现组织边界突破，是企业在当下需要完成的第二件事。

（3）顾客价值创新

当企业做好了当下的两件事——顾客价值主张与组织边界突破之后，还必须考虑未来应该怎么走。企业要想实现增长的再突破，需要找到自己的"第二曲线"，也就是说，企业需要围绕自己原有的客户群，去挖掘客户延伸的需求，从而实现顾客价值的创新。

（4）生态系统演进

当企业实现顾客价值创新后，便会逐渐丰富自身的产品／服务矩阵，如果企业能够围绕自己的产品／服务矩阵，分别对各条产业链进行组织边界突破，与相同行业、不同行业的企业形成合作关系，那么企业将会形成一个更加立体的跨界联盟，即构建出自己的生态系统，这对应了图4-1的生态系统演进部分。

（5）数字技术赋能

在顶层框架中，数字技术赋能部分贯穿于企业增长战略的整个过程，从洞察顾客价值，到实现组织边界突破，再到实现顾客价值创新，最后实现生态系统演进的过程中，数字技术需要渗透进其中的每一个环节，持续地为企业进行赋能。

以上是对该顶层框架的一个简要的介绍。事实上，该框架的每个组成部分都蕴含了相应的理论机理。了解这些机理，对于理解数字经济时代企业如何进行战略重构是至关重要的，因此，接下来将对各组成部分详细的理论机理进行重点阐述。

4.2.2　数字技术赋能

● 数字技术赋能——通过数字技术重构组织与业务

首先，我们需要明确，在企业战略重构的过程中，数字技术赋能充当的是一个底座的角色，企业增长战略顶层框架中的所有流程，包括顾客价值主张、组织边界突破、顾客价值创新、生态系统演进四个部分，都是建立在数字技术赋能的基础上的，所有流程均需要通过数字技术进行赋能，才有可能实现理想的效果。

因此，数字能力是我们实现战略重构的最重要的支撑，而数字技术赋能的过程，实际上就是企业数字化转型的过程。那么到底什么是数字化转型？中国人民大学商学院的毛基业教授对数字化转型下了一个非常简洁的定义："数字化转型，就是用数字技术重构组织和业务。"

组织层面，也就是我们所说的组织结构的无边界化、扁平化、生态化，这与我们战略框架中的组织边界突破、生态系统演进相对应；业务层面，包括了业务模式与流程的重构，即通过数字化重新定义顾客价值，进行商业模式的创新，并通过数字技术赋能使业务流程更好地满足顾客需求，这与我们战略框架中的顾客价值主张、顾客价值创新相对应。

那么，数字技术究竟如何重构企业的组织和业务呢？它具有哪些关键要素？

数字技术赋能的方法，来自企业在日常经营中遇到的难点。根据难点，归纳出拟解决的问题，进而提炼出数字赋能的关键要素。所以第一步，我们需要了解数字技术赋能存在的主要难点，根据归纳总结，如图 4-2 所示，我们发现主要有三个难点：数据资源匮乏、信息流通性差、持续运营困难。

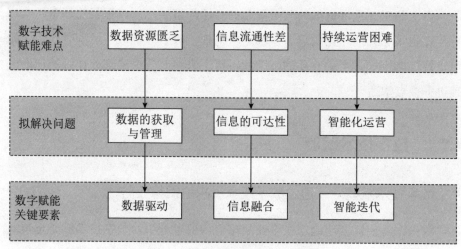

图 4-2　数字赋能关键要素的过程

● 数字技术赋能存在三个难点

（1）数据资源匮乏

很多企业想进行数字化转型，一开始往往会遇到第一个问题：都在说数字化，可是"数"从哪里来？自己的公司平时貌似没有产生太多的数据，或者说从来没重视过这些数据。这就是所谓的数据资源匮乏，具体指的是企业在日常运作时关于物质流、信息流和资金流的数据不全，并且数据未经过处理，十分粗糙，无法满足管理需求。这种缺乏基础数据，或者基础数据的质量较差的情况会直接导致企业数字化转型的后续管理无法实现。

（2）信息流通性差

信息流通性差指的是企业开展日常业务的状态信息或决策信息往往只在小范围内可见，而到达不了更远的范围，导致业务环节中的相关人员或合作伙伴无法及时获取有关的信息，或者只能滞后获得有关信息。例如数字化转型比较成功的企业往往有自己的数据"驾驶舱"或者数据中台，通过这个，企业领导人能够看到企业经营全貌的数据，还可以从不同维度分析。而未进行数字化转型或数字化转型效果较差的企业往往存在信息流通性差的问题，企业领导人往往只能看到财务、运营等有限的几个部门的 Excel 表格，非常缺乏实时性。企业开展业务时的决策质量有赖于相关信息的数量与质量，当信息流通不畅，管理决策方无法获取有效信息时，管理决策的正确率将大打折扣。

（3）持续运营困难

由于市场环境的不确定性、顾客需求的多变性、技术更迭的频繁性，企业在实现业务数字化转型的过程中，往往会面临着持续运营困难的问题，例如基于某一数据或信息来源的业务可能会由于环境、管理、需求变化等原因变得越来越难运营下去，这时，企业面临着放弃该业务或优化该业务的选择，而在数字经济时代，人为地进行业务流程优化或再造往往不会取得理想的效果。

● **数字技术赋能的三个关键要素**

造成数据资源匮乏的原因往往是企业没有形成数据思维，即不注重数据的获取与管理，企业对需要管理的数据既没有明确认识，也没有对其进行有效获取与管理，因此，形成数据驱动的思维是解决数据资源匮乏的关键手段。

造成信息流通性差的原因在于多数企业的信息在业务系统中较为封闭，并未形成内部开放、外部开放以及实时共享的形式，为了改变这一现状，企业需要明确信息的管理决策方需要哪些数据的支撑，然后通过管理与技术方案提高信息对于决策方的可达性。

造成持续运营困难的原因是企业未通过数字技术实现智能化运营，在数字经济时代，为提升运营的效率与敏捷性，智能化的运营方式是必不可少的，企业应当通过以人工智能为主的数字化技术重塑运营流程，实现业务流程的自我更新。

因此，为了解决以上企业在数字化转型中会遇到的难点，我们认为数字赋能应当包括如下三个关键要素：数据驱动、信息融合以及智能迭代。企业只有做到了这三点，才相当于具备了数字技术赋能的能力，在进行战略重构时才能游刃有余，取得真正的成效。三个关键要素属于递进关系，首先需要做到数据驱动，然后进行信息融合，最后实现智能迭代。接下来我们将一一讲解企业如何实现这三个关键要素。

（1）第一阶段：数据驱动

① 数据驱动的含义。什么是数据驱动呢？其实很简单，就是以数据为中心进行决策和行动。那为什么要进行数据驱动呢？

数据是信息的基础，如果信息没有足够的支撑数据，则无法形成信息流，进而无法为我们提供知识和智慧。在数字经济时代，数据由于其丰富性和广泛性已成为企业的重要资产，一切都在转化为数据，数据能够为企业带来洞见、带来新的产品可能性、带来新的业务机会。

因此，在数字经济时代，企业必须将数据融入自身的血液当中，重视数据的产生、获取、管理与应用，通过数据来驱动业务的进行。业务并不仅仅指产品业务线，还包括战略制定、组织优化、机制变革、商业模式创新、精细运营、精准营销等方方面面。企业不能只局限于一个方向，而应该形成一种习惯，尝试从多方位、多角度实现数据驱动。

具体来讲，我们主要通过以下三个方面进行数据驱动。

a. 数据驱动生产。企业基于海量工业数据的实时采集，通过数据的精准分析，优化制造资源的配置，提供符合市场需求的高质量产品，助力实现柔性生产，实现降本增效。利用数字技术为生产流程赋能，实现生产质量全过程监控，不断提升产品质量，助力企业打造良好口碑。

b. 数据驱动服务。企业通过对服务全过程进行数据采集与分析，形成更加完整的客户画像，从而精准触达目标客户，提高营销活动的投入产出比。通过多维度的销售数据分析和可视化呈现，优化市场策略，驱动销售业绩增长。利用数字技术延长服务链，将一次性服务的价值变为多次服务价值，提高企业营收。

c. 数据驱动管理。通过打通跨系统数据，整合企业内外部数据，实现业务场景一体化分析，企业将能够更深入地洞察和指导自身经营管理。一方面可以促进流程优化；另一方面可以驱动智能化决策，针对不同场景均有各自的模型算法与专业的第三方服务商。

② 数据驱动案例——网易考拉海购跨境电商大数据平台。网易旗下的跨境电商——考拉海购就是依托网易的大数据资源，通过数据驱动各项业务的开展。

考拉海购基于开源体系的网易猛犸大数据资源，搭建了成熟的跨境电商大数据平台（图4-3），该平台提供了店铺、商品、用户、交易等业务主体的大数据仓库，为数据应用提供技术基础。

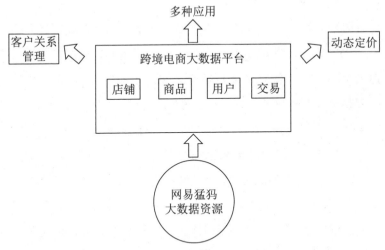

图 4-3　网易大数据应用图示

比如在定价方面，考拉海购根据外部爬虫获得的数据和第三方数据得到主要竞争对手相关商品的价格，参考主要竞争对手的定价，通过智能算法分析盈利点和最低价的结合点，制定出合理又比主要竞争对手有优势的价格，以此来引导消费者购买。

除此之外，在客户关系维系方面，为了提高客户的复购率，考拉海购通过大数据分析出客户的实际需求，然后通过电子邮箱推广客户需求的产品，并发放折扣券、优惠券，以此方式吸引消费者购买。对于有历史购买记录的潜在流失客户，考拉海购利用大数据分析客户的购买记录和搜索历史，为这些客户推荐需求的产品。

可以看出，考拉海购的这些业务都是数据驱动的，基于网易猛犸大数据资源，考拉海购得以获取到全面的数据，并搭建了自己的数据平台，进而促进业务的开展。

（2）第二阶段：信息融合

① 信息融合的含义。信息融合指的是信息在企业内部的各环节和外部的各合作伙伴之间进行融合共享的过程，是继数据驱动之后实现数字技术

赋能的第二个阶段。

从数据管理中获取的数据是企业的重要资源，但是数据需要被加工成信息，并且在企业活动的各环节和各合作伙伴之间进行共享之后才能切实地产生利益。

因为数据是一堆原材料，无论是数字、文本、图片、视频还是音频、地理位置等形式。数据本身是并不包含关系的，除非人为地赋予它们关系，而这种人为赋予的关系，就是建立在数据之间的"连接"。如果一组连接是正确的，那么数据也就产生了信息。比如8℃、北京、3月3日，这三个数据属于不同的类别，将它们分开来看的话是产生不了任何信息的，只有将他们组合起来：北京3月3日的气温是8℃，这样才产生了一条有用的信息。

首先，对于企业内部来说：数据的整合是十分重要的，各个部门、各个业务均会产生不同类别的数据，企业需要将企业内部的各个部门、各个层级之间的数据流彻底打通，统一、集中地进行分析处理，才能将数据转化为有价值的信息。

其次，对于企业外部来说：企业在内部生成信息之后，还需要将信息在企业运营的各环节和外部的各合作伙伴之间进行共享。

供应链管理中有一个词叫"牛鞭效应"，指的是供应链中的一种需求放大现象，信息流从最终客户端向原始供应商传递时，往往会被扭曲而逐级放大，此信息扭曲的放大作用在图形上很像一个甩起的牛鞭，因此被形象地称为"牛鞭效应"。

"牛鞭效应"实际上是信息无法实现良好的交互共享导致的，供应链各企业之间可能是独立的"信息孤岛"，会存在信息不对称的问题。因此，信息融合对于企业管理和促进有效的运营整合是至关重要的，企业与其供应商和客户之间应当实现信息融合与共享，基于信息融合与共享的管理业务整合能够促进资源、知识和风险的共享，从而对企业的运营绩效产生积极的影响。

②案例：深圳宝安人民医院智慧医疗上云实现信息融合。深圳宝安人民医院成立于1984年，是覆盖医疗、预防、保健、康复、研究等业务的现代化综合性医院。在2016年，原医院被重组为公立医疗联合体，由一家三甲

医院、一家二甲医院以及 27 家健康服务中心组成。而线上的互联网医院由深圳宝安人民医院负责建设运营，在建设运营过程中，医院遇到了以下急需解决的问题：

a. 资源共享：由于医疗联合体的组成成员多，需要让医疗资源上下互通，让人民享受到更高质量的服务。

b. 稳定性：医院的业务运营在数据库及应用上，单点部署较多。数据库缺乏容灾和备份的机制。在业务任何环节中出现的问题都可能会导致业务链的断联。

c. 协同性：多组织之间协同办公，例如文书、知识库、培训、会诊等缺乏有效的应用工具支撑。

不难发现，医院遇到的问题，归结起来都是信息融合不畅导致的问题。为解决这些问题，深圳宝安人民医院通过上云的方式，主要从三个方面打通医院的数据与信息、实现畅通的信息融合，从而保证各主体之间高效的合作。

首先是资源专属储存和计算服务计划：提供专属的储存、计算资源池应用，构建云上专属的深圳宝安人民医院的处方审核平台和心电诊断平台，轻易实现数据存储与共享。

其次是容灾服务：提供储存容灾服务（Storage Disaster Recovery Service，SDRS），将容灾流程简化，规避业务由于多单点部署造成的风险，保证业务的稳定性。业务系统和数据库通过 SDRS 实现跨可用区的信息同步，提供了在故障发生时分钟级的切换能力，经过简单的改造业务形成了跨可用区的主备模式，确保了整体互联网业务的可靠性。

最后是数字化协同作业平台：构建线上消息、会议、邮件、知识互联场景，打造数字化协同作业平台，进行跨部门、跨区域远程协同诊疗。协同作业平台的使用解决了跨部门、跨组织的协同作业，也提供了优质医疗资源的共享传播，如在线授课培训，提高了整体医院的协同性和效率。

（3）第三阶段：智能迭代

① 智能迭代的含义。在数字化转型中，智能化是一个理想的高级阶段。中国工程院潘云鹤院士在 2019 年的讲话中指出，世界正加速从二元空间向

三元空间演进。二元空间指代物理空间和人类社会空间，而三元空间指的是物理、人类和信息空间。二元空间的任何对象和活动都可表达为数据（Data）的集合，而已被人类认识和记录的数据是信息（Information），我们处理信息的目的是对事物内在的规律进行更好的洞察（Insight），而洞察的最终目的是形成智能（Intelligent）。所以我们可以看到，除了数字化这一说法外，数智化也经常被提及。

实际上，数智化是一个从数到智的全过程，是信息化、数字化和智能化的统称。智能化是数字化转型的一个高级目标。因此，我们实现数字技术赋能的最后一个阶段就是智能迭代，即利用智能技术，如机器学习和人工智能，将尽可能多的运营决策自动化、智能化，并不断进行迭代，自我更新。

要想实现智能迭代，企业需要构建以"数据＋算力＋算法"为核心的智能体系，以数据流动的自动化，化解复杂系统和任务的不确定性，实现资源优化配置，努力实现产品智能化、工具智能化、生产方式智能化、管理智能化、服务智能化。通过智能体系的构造，实现描述、诊断、决策、预测四位一体的智能迭代方案。

② 案例：西门子"数字双胞胎"智能迭代方案。我们知道，产品的生命周期包括了设计、生产装配与使用维护三个阶段，而这三个阶段分别面对着不同的对象，涉及和产生的数据类型也各有不同，因此整个流程会产生许多复杂、难以解决的问题。而数字双胞胎使得西门子可以在整个产品生命周期中进行仿真、预测和优化，并不断自我迭代。

a. 数据智能驱动、深度学习。通过结合多物理场仿真、数据分析和机器学习功能，不需要搭建实体原型，数字双胞胎（Digital Twin，也称数字孪生）即可展示设计变更、使用场景、环境条件和其他变量所带来的影响，同时缩短开发时间，并提高成品或流程的质量。

b. 智能融合。数字双胞胎为生产运营和质量管理提供了端到端的透明化，将车间的自动化设备与产品开发、生产工艺设计及生产等信息和企业管理的决策者紧密连接在一起。借助生产过程的全程透明化，决策者可以很容易地发现产品设计与相关制造工艺中需要改进的地方，并进行相应的运营调整，从而使得生产更顺畅，效率更高。

c. 智能优化。数字双胞胎可以应用物理实体反馈的数据进行自我学习和完善，并通过数据和模型双驱动的仿真、预测、监控、优化和控制，实现服务的持续创新、需求的即时响应和产业的升级优化，真正意义上帮助西门子实现了智能迭代。

4.2.3　顾客价值主张

什么是顾客价值主张？在第 2 章中我们已经给出了答案，即企业深入挖掘顾客真实需求，并致力于通过生产经营活动为顾客带来利益的经营观念。顾客价值一直以来都被认为是企业价值创造活动的起点和终点，企业在生命周期内的活动，可以说本质上是围绕顾客价值而进行的价值创造过程。在数字经济时代，企业价值活动的核心不再是产品、规模、成本或者能力，而是顾客。只有始终围绕顾客，精准地发现顾客价值，才算真正找准了立足点。

然而，光了解概念是不够的，只有深入洞察顾客价值的本质，我们才能知道如何真正践行顾客价值主张。因此，我们首先要深入探讨顾客价值的本质究竟是什么。

● **效用价值论——产品的价值在于它为顾客带来的效用**

我们从身边的一些行为来举例：包子铺卖给了顾客一个包子，顾客通过吃包子填饱了肚子，获得了生理上的满足，这就实现了顾客价值；顾客购买了某品牌的一件高档服装，穿上这件衣服让他觉得很有面子，获得了精神上的愉悦，这也实现了顾客价值；有的时候，顾客并不是真正需要某件商品，但当他看见超市菜篮里的鸡蛋比以往便宜不少时，他还是会挑几个，因为他觉得自己捡到了便宜，这同样实现了顾客价值。

可以发现，在上述生产经营活动中，凡是顾客能够感知到的效用和利益，都属于顾客价值。实际上，将效用与价值挂钩的说法并不新颖，早在 17~18 世纪，英国经济学家巴本就提出了效用价值论，在他看来，一切物品的价值都来自它们的效用，无用之物，便无价值。而物品效用在于满足需求，一切物品能满足人类天生的肉体和精神欲望，才成为有用的东西，从而才有价值。顾客购买的绝对不是产品或服务，而是价值，而产品只是实现顾客价值的媒介。因此，我们需要知道，产品 / 服务并不是由企业定义的，而是由顾客定义的，产品或服务能否取得成功，取决于它是否能带来顾客价值。

● 顾客价值能被细分为四种关键类别

从效用价值论的角度我们能够发现，既然产品 / 服务的效用在于满足需求，那么我们需要最大程度地满足顾客的需求，才能带来最大的顾客价值。因此，我们可以依据不同类别的顾客需求，将顾客价值进行进一步的细分。

按照马斯洛需求层次理论，人的需求可以被分为五级，按照金字塔的结构，从底层到顶层依次是生理需求、安全需求、社会需求、尊重需求以及自我实现的需求，这五种需要是最基本的，人与生俱来的需求，它们构成不同的等级或水平，并成为激励和指引个体行为的力量。对于顾客来说，既然顾客购买产品或服务是为了满足自己的需求，那么产品或服务带来的顾客价值必然也符合以上五种需求。即顾客在购买产品或服务时必然会考虑自己的生理、安全等低级需求，也会考虑社会需求、尊重需求等中级需求，还会考虑自我实现这一高级需求。结合马斯洛需求层次理论的基本框架以及其他不同理论的分类视角，并结合多家企业的实践经验，我们认为，在数字经济时代，以下四个方面的顾客价值是最为重要的：经济价值、功能价值、心理价值和社会价值（图 4-4）。

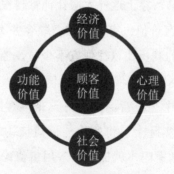

图 4-4　顾客价值划分

（1）经济价值

经济价值指的是在实现相同功能的前提下，成本的节省为顾客所带来的实惠，例如沃尔玛向来以实惠便宜为自己的价值主张之一，在沃尔玛超市里，总是能看到这样一行字："如有低于市场价的，我们返还 1.5 倍差价！"倘若沃尔玛和家乐福均在出售一款相同型号的家电，那么顾客在沃尔玛购买这款家电显然能够带来更高的经济价值。

（2）功能价值

功能价值是指顾客通过产品的功能而满足自身需求所带来的价值，顾客花钱购买产品或者服务的目的是购买其使用价值，从而实现自己的目的，也就是顾客价值。而产品或服务的使用价值首先要取决于它的功能。任何产品都有自己的功能，如牙刷是用来刷牙的，彩电是用来收看电视节目的。手机一直是市场上销量最高的产品之一，原因就在于手机具有极强的功能性，包括电话、娱乐、短信、办公等等。

（3）心理价值

心理价值是指顾客从产品 / 服务中获得的心理欢欣、精神享受、情感满足等心理和精神层面的利益。顾客所获得的心理价值对企业之所以重要，是因为随着时代的发展，新生代消费者对它越来越重视，也愿意为它付出比实用价值更高的代价。比如，情人节时，很多平时生活节俭的男性为表达爱意，会付出相对较高的代价，为心爱的姑娘献上漂亮的玫瑰花、钻石等礼物。再如近年来外卖行业价格虽高但仍有许多人"买账"的轻食饮食，就是抓住了消费者追求健康的心理，为消费者提供蔬菜沙拉、高蛋白肉类等健康食品。

（4）社会价值

社会价值指的是顾客借助产品实现自身的社会责任所带来的价值。现如今，人们的生活水平日益提高，顾客在购买某种产品 / 服务时，不再局限于满足个人的需要，而是会考虑到他人和社会，会考虑自己购买该产品 / 服务后能不能顺便为其他人或整个社会带来价值。最为典型的就是绿色消费的兴起，例如日本可口可乐公司上市的矿泉水 ILOHAS，采用了小容量、仅重 12 克的 PET 瓶，与以往的矿泉水瓶相比，树脂用量减少了约 40%，并且喝完后的塑料饮料瓶可以轻松拧扁，有助于回收时实现节能。在当时日本的消费者意识中，环境非常重要，"希望能为环保做点什么"这种情绪日益高涨，但很多人不知道具体怎么做。因此，日本可口可乐公司刚好抓住这一时机上市了ILOHAS，可拧扁的瓶子这种便于消费者理解，能够体验环保的功能大受欢迎，ILOHAS因而成了畅销产品。

我们已经对顾客价值的内容有了进一步的了解，那么，企业究竟如何才能提升顾客价值呢？

● **方法论：结合数字技术，围绕四个细分类别来提升顾客价值。**

在数字经济时代，企业应当通过数字技术赋能，对顾客价值进行洞察，并且企业在对顾客价值进行洞察时，应当围绕经济价值、功能价值、心理价值以及社会价值四个方面来进行，多方位地对顾客的需求进行挖掘，然后形成贴合自身的价值主张。价值主张，简而言之就是企业对顾客价值交出的一份答卷，是对顾客真实需求的深入描述，之后，企业需要遵循自身的价值主张，精准地开展价值创造活动。

（1）经济价值：数字技术赋能让顾客感到更实惠

具体到四个方面，对于经济价值而言，顾客追求的是高性价比，只有实惠、便宜才能让顾客感受到经济价值。我们可以从企业、顾客两个角度来分析如何提升经济价值。

从企业角度看：这对企业的生产运营提出了挑战，因为企业只有实现降本增效，才能最大程度地让利给顾客，让顾客获得经济价值。

在数字经济时代，企业要想实现降本增效，就离不开数字化转型。企业通过数字化转型，往往能够实现更好的资源管理，以及提高生产运营的敏捷性和灵活性，进而提高生产效率，降低成本。

从顾客角度看：虽然企业可能较难通过直接的降低成本来让利顾客，但可以充分运用数字技术，从营销、服务、产品使用等方面提升顾客能够直接感受到的经济价值。

对于企业而言，选择降本增效，让利顾客的"牺牲自己，成就顾客"式的做法虽然直截了当，但对于综合能力薄弱的企业来说是非常困难的，并且还有可能进一步降低自身的利润空间。因此，我们更推荐第二种做法，即从与顾客能够接触的这些关键环节入手，运用数字技术，在一点或几点上实现突破，让顾客在营销、服务或产品使用过程中感受到产品的经济价值，这种做法实际上是一种业务驱动的数字化转型，对于企业而言是比较容易实现的。

　　经济价值案例：去哪儿网通过数字赋能提升用户经济价值

　　我们看看 App 去哪儿网如何提升顾客的经济价值。首先，去哪儿网的公司使命是聪明地安排消费者的旅行，竭力为消费者提供最全面、性价比最高的产品、可靠的服务和便捷的技术工具。这就决定了去哪儿网的业务基调一定是围绕着性价比与服务的。那么他是如何让顾客感受到性价比的呢？

　　一是数据沉淀助力全面比价。去哪儿网在成立之初是一家纯旅游搜索公司，依托其当时强力的搜索引擎，去哪儿网能够实时搜索多个网站、城市以及酒店的报价信息，涵盖数十万条航线、旅游路线以及众多旅行社的信息，当时的去哪儿和百度相比，在搜索机票信息时更擅长，比百度效率更高。良好的数据沉淀为其能够最大程度地满足客户的经济价值奠定了基础。

　　二是技术赋能实现便捷、实时的服务。去哪儿网提供的核心服务是，帮用户比较全网的机票价格，把所有机票的实时数据抓取过来，进行合并然后排序。同时，去哪儿网还能够通过算法，帮助用户一键生成最便宜的出行方案。此外，去哪儿网还能实时监控机票、火车票等价格，若发现降价会实时通知用户。用了一次去哪儿网的用户，回头率非常高，因为用户具有损失厌恶的心理，如果买了其他网站的机票，哪怕这个机票只比去哪儿网贵了几块钱，心里也会难受，这足以说明用户对去哪儿网经济价值的认可。去哪儿网正是在产品、服务的设计上，充分围绕着顾客的经济价值，为客户提供便捷、实时的服务，才得以在众多 App 中脱颖而出。

　　（2）功能价值：数字赋能解决顾客"痛点"

　　对于功能价值而言，企业需要牢牢抓住顾客的"痛点"，要明白顾客想要解决什么问题，始终围绕顾客的"痛点"提供产品与服务。而发现与解决顾客"痛点"的方法，主要是通过数字技术赋能来实现的。数字技术能帮助企业识别用户的真实需求，并实现产品功能创新，实现差异化。

功能价值案例：京东工业利用数字技术解决工业品行业"痛点"

长期以来，工业品行业受到细分领域众多、长尾商品质量参差、规格参数复杂等问题的困扰，导致行业标准不统一、供应链上下游信息无法及时对齐、商品采购成本较高的情况不时发生，用户难以通过产品参数找到真正符合需求的商品。

京东工业品围绕京东"以供应链为基础的技术与服务企业"的全新定位，搭建数智化供应链体系，从生产、流通、服务等各个环节优化社会供应链体系，降低社会成本，提高社会效率。针对缺乏统一的数字化商品标准库这一行业痛点，京东工业品充分发挥平台优势，连接高质量工业品品牌资源，发布"墨卡托"工业品标准商品库。

"墨卡托"结合京东大数据和人工智能技术，以及各品类头部品牌商的专家经验，通过对海量工业品数据进行数据清洗和知识抽取，构建出工业品知识图谱。基于"墨卡托"工业品标准商品库，行业能够搭建一套更加完备的工业品标准化分类和商品体系，有效解决现有体系产品信息参数不统一、行业属性不全的问题，为工业品供应链上下游企业互联互通打通了数据路径。目前，京东工业品"墨卡托"标准商品库已建设有四级类目，其中一级类目 29 个，末级类目超 6 000 个，共有 10 多亿商品知识条目，5 000 多万标准工业品，已与 1 500 家工业品专业品牌进行数据对接，共建 2 500 多个商品数据库标准模板并开展应用。

"墨卡托"工业品标准商品库的出现，为工业品企业解决了商品规格参数复杂、标准不统一等问题，消除了企业家的选品焦虑，让选品专员可以花最少的时间买到物美价廉的工业品，转而投入其他高价值工作。目前，"墨卡托"工业品标准商品库凭借其收录工业品的全面性和产品标准统一化，充分满足企业需求，解决了长期以来工业品面临的数字化标准建设滞后痛点，深入工业品企业内部，已经成为 8 000 多个集团型客户、800 多万个小微企业客户的信赖之选。

（3）心理价值：数字赋能顾客情感连接

对于心理价值而言，我们需要知道，顾客的需求在很多时候是一种精神上的需求。通过马斯洛需求层次理论我们了解，人要生存，不仅仅需要满足简单的衣食住行，还需要满足更高层次的精神需求。人们在使用一种物品时，不仅仅满足于它的功能性，而且还会在乎使用过程中产生的心理感受。

心理价值在数字经济时代越来越重要。随着市场经济的发展，商品已不再短缺，市场竞争越来越从产品功能的竞争转向产品理念的竞争，例如通过品牌建设，让消费者达到认同，建立情感上的连接。随着数字经济时代的到来，这种连接显得越来越重要。无论是产品所体现的为顾客所认同并对顾客产生影响的价值观，还是产品所蕴涵的使顾客情感得到满足的内容和形式，抑或是产品带给顾客的认同（自我认同、社群认同和社会认同）意义，都是我们需要在数字经济时代愈发关注的重点。

那么，我们如何通过数字技术赋能顾客的心理价值呢？可以从产品研发与运营推广两个角度来切入。

产品研发方面：借助数据技术洞察顾客的心理需求，提供与顾客价值观、情感、态度相一致的产品与服务，从而建立顾客的品牌认同。

运营推广方面：通过数字化运营、数字化营销，实现顾客与企业、顾客与顾客之间更加全面、更加频繁的情感交流，提升顾客的品牌认同、社群认同。

心理价值案例：哔哩哔哩数字赋能建立与"Z 世代"的情感连接

"Z 世代"作为一种新型消费者而诞生，他们是 1995—2009 年间出生的一代人，一出生就与网络信息时代无缝对接，受数字信息技术、智能手机产品等影响比较大。对于他们来说，功能价值或许并不是决定买单与否的主要因素，无论是情感满足，还是圈层共鸣，抑或是个人至上，这些较为虚幻的心理价值才是他们的心头所好。

在挖掘"Z 世代"的心理价值上，视频弹幕网站——哔哩哔哩做得十分出色。

哔哩哔哩基于用户画像，敏锐地洞察出了视频用户的深层次情感需求，即实时分享，从而开发了弹幕功能，促进了"Z 世代"通过弹幕交流形成具有黏性的"亚文化"圈子。

同时，哔哩哔哩采用用户生成内容（User Generated Content，UGC）形式的内容运营，极大程度地提高了用户黏性。哔哩哔哩的"UP主激励制度"会通过大数据分析，对用户感兴趣的视频领域进行挖掘，挑选出适合用户进行创作的细分板块，并对用户进行个性化指导，帮助用户成为一名能够自生产内容的"UP主"。这种UGC形式的内容运营，能够很容易地让用户产生社群归属感，并进一步增强自身的品牌认同、社群认同。

无论是良好的在线交流氛围，还是UGC形式的内容运营，都使得哔哩哔哩建立起了自身品牌与用户之间的情感连接，而这种连接的产生，正是哔哩哔哩对用户心理价值的洞察所收获的反馈。

（4）社会价值：数字赋能助力顾客社会责任实现

当耐克、阿迪达斯不断强调他们在利用海里回收的垃圾塑料造鞋，当各大餐饮巨头争相进入植物肉赛道，当美的、格力等厂商不断强调它们在减少产品的排放以顺应碳达峰、碳中和……可以说，社会价值越来越受到关注，似乎不需要更多文字赘述。

然而，据相关的调查显示，虽然消费者十分认可这些"绿色消费""环保消费"的重要性，但只有五成的人表示能够经常做到依据产品带来的社会价值而消费。其中的一个关键原因，就是缺少一个有效的连接点和转化点，将践行环保、绿色理念的品牌和产品精准触达对应消费群，让对这些消费的认可转化为可见的消费行为。

如何把消费者对社会价值的认可转化为可见的消费行为呢？需要企业运用身份认同，为消费者提供一个参与释放自我社会价值的渠道。例如支付宝推出的"蚂蚁森林"，会根据用户的消费、运动等数据生成能量，每天早上需要按时按点收取，收成的能量可以在沙漠里种植真树，改善自然环境，实际上这就是运用消费者对"环保群体"的身份认同，创建了一个可以让消费者随时随地做出环保贡献的平台。

这种方式，能带来企业与消费者的"双赢"，既满足了消费者实现社会价值的需求，又帮助企业提升了自己的社会形象。实际上，它解决的是顾客在日常生活中实现社会价值门槛太高的问题。大多数顾客都是平凡的人，平时要想为社会做贡献，例如献爱心、环保活动，实际上门槛是比较高的，既包括金钱成本，也包括时间成本。不是人们不想为社会做贡献，只是没有一个更加便利、更加低成本的渠道，因此，要想实现顾客的社会价值，企业所需要做的就是为顾客提供一个这样的渠道。

社会价值案例：天猫新品创新中心多项举措让"绿色投入"可知可感可用

为了顺应绿色消费的浪潮，阿里巴巴旗下的天猫商城成立了天猫新品创新中心绿色研发工厂（Tmall Innovation Center，TMIC），TMIC 认为，企业的"绿色投入"要可知可感可用，才能让消费者的环保理念落实到消费行为上，唯有认识到消费者的需求，才能更有效地培养绿色消费习惯、扩大绿色消费群体，为可持续消费打下基础。因此，结合数字技术的运用，TMIC 采用了以下方式，让顾客真正感受到绿色消费这一社会价值。

构建绿色研发知识库：一方面通过绿色研发知识库，沉淀绿色敏感人群、丰富绿色研发知识图谱，为企业品牌的绿色投入提供可靠依据。另一方面，按季度洞悉最前沿的绿色研发赛道资讯，预测绿色消费趋势，为企业提供动态的市场指引。

绿色赛道消费者共创：借力 TMIC 的消费者共创能力，在研发环节便引入消费者声音，与消费者沟通绿色新品研发方向，搭建桥梁，让企业的"绿色故事"讲得更接地气、更贴近需求。

打通绿色研发产业链：数字赋能整合打通源头研发、包装设计、工厂减碳等各个绿色研发产业环节，为环保研发提供保障，让"绿色"产品能够逐渐常态化，成为各行各业的新标准。

可以看出，TMIC 通过以上举措，从真实的消费需求出发，跳出了只从节能减排、减塑、循环利用等技术层面的讨论，创新性地将"消费者"提到绿色消费的前位，从挖掘绿色消费需求入手，精准定位绿色消费群，以市场指导研发，提供消费者共同参与研发的渠道，为品牌提供更具实用价值的产品研发方向，让环保产品在满足地球需要的同时，满足使用者的需要，为绿色消费打开深入广大消费群的大门。

● 卡诺模型——将方法落地的实用工具

看完上述内容，想必你对如何提升顾客价值已经有了更进一步的了解。

简而言之，就是基于四个细分类别，借助数字技术赋能来实现。然而，这只是理想的、较理论的一种表述形式，在实践中，我们在真正开始产品设计、优化，以便提升顾客价值时，仍会遇到问题。

首先，要想同时满足四个价值是非常困难的。我们往往只能同时满足其中一个或两个价值，并且我们开展某项业务、运营某项产品或服务时通常是有侧重点的，不可能面面俱到。其次，如果交叉覆盖多种需求，产品/服务的逻辑就会变得复杂。最后，企业自身的资源也是有限的，只有在有限的资源上提炼出最关键的需求，并在此基础上满足相应的顾客价值，才能实现资源利用最大化。

鉴于此，我们在这里介绍一种实用的方法，能够很好地解决上述问题，帮助企业聚焦到对自身而言最重要的顾客价值上，那就是卡诺模型（Kano Model）。

我们首先简单了解一下什么是卡诺模型，卡诺模型也叫作狩野模型，它是由日本东京理工大学教授狩野纪昭（Noriaki Kano）博士于 1984 年所提出的一种对用户需求分类和优先排序的有用工具。卡诺模型根据客户满意度和功能具备程度两个维度，如图 4-5 所示，将产品的品质分为五类：无差异、期望、魅力、必备、反向。

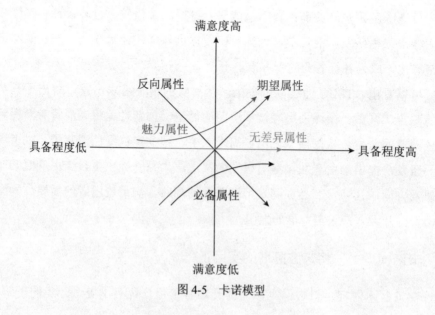

图 4-5　卡诺模型

依照上图，我们简要了解以下五种属性：

① 无差异属性：无论提供或不提供此功能，用户满意度都不会改变，用户根本不在意有没有这个功能。这种费力不讨好的属性是需要尽力避免的。

② 魅力属性：让用户感到惊喜的属性，如果不提供此属性，不会降低用户的满意度，一旦提供魅力属性，用户满意度会大幅提升。

③ 期望属性：如果提供该功能，客户满意度提高，如果不提供该功能，客户满意度会随之下降。

④ 必备属性：这是产品的基本要求，如果不满足该需求，用户满意度会大幅降低。但是无论必备属性如何提升，客户都会有满意度的上限。

⑤ 反向属性：用户根本没有此需求，提供后用户满意度反而会下降。

了解了这些属性的具体含义，我们能够很容易地排列出各属性的重要程度，即在产品设计时的优先次序：

尽量避免：无差异品质、反向品质；至少做好：必备品质、期望品质；努力做好：魅力品质。

那这和我们上文提到的四个价值有何关系呢？我们在具体实践中又如何运用卡诺模型呢？

第一步：将价值描述为功能。

实际上，我们之前提到的经济价值、功能价值、心理价值、社会价值，一定是依附于产品的某项功能才能得以实现的，例如微信的摇一摇，是一个微信随机交友功能。通过摇手机或点击按钮模拟摇一摇，可以匹配到同一时段触发该功能的用户，从而增加用户间的互动，这实质上体现的是功能价值。因此，运用卡诺模型的第一步，就是将产品 / 服务能够满足顾客四个价值的方式概括为多项功能。

第二步：问卷调查。

卡诺模型是一种面向顾客的工具，其纵轴代表顾客满意度，而我们调查顾客对功能满意度的主要方式就是问卷。我们需要通过问卷调查的方式了解顾客对第一步中的功能的真实感受。同样以微信摇一摇功能为例，问卷的设计方式可参考表 4-1。

表 4-1   问卷示例

微信的"摇一摇"功能，通过摇手机或点击按钮模拟摇一摇，可以匹配到同一时段触发该功能的用户。					
	我很喜欢	理所当然	无所谓	勉强接受	很不喜欢
如果微信具备该功能，您的评价是？					

第三步：发放并回收问卷，统计并归纳结果。

我们可以按照表 4-2 将回收的问卷结果进行归类。

如表 4-2 所示，正反方向问题的答案可以组成一个二维属性表，每个单元格都代表一种答案类型，每个属性的总和为相同颜色单元格之和。在这一步需要注意数据清洗：将全部选择我很喜欢或我很不喜欢的答案列为可疑答案，避免乱答数据影响分析结果。如果可疑结果过多，则问卷可能存在问题，比如功能描述不清。

表 4-2   属性归类表

		不具备					
		我很喜欢	理所当然	无所谓	勉强接受	很不喜欢	
具备	我很喜欢	Q	A	A	A	O	Q：可疑结果
	理所当然	R	I	I	I	M	A：魅力属性
	无所谓	R	I	I	I	M	O：期望属性
	勉强接受	R	I	I	I	M	R：反向属性
	很不喜欢	R	R	R	R	Q	I：无差异属性
							M：必备属性

由此，仍然以微信"摇一摇"功能为例，如表 4-3 所示我们可以看到每个属性所占百分比，占比最高的，我们认为该功能的该属性因素最多。可以看到微信摇一摇功能的无差异属性较多。

表 4-3　微信"摇一摇"功能归类

微信"摇一摇"功能						
		不具备				可疑结果 4% 魅力属性 22% 期望属性 2% 反向属性 10% 无差异属性 62% 必备属性 0% 最终结果： 无差异属性
		我很喜欢	理所当然	无所谓	勉强接受	很不喜欢
具备	我很喜欢	2%	6%	14%	2%	2%
	理所当然	4%	4%	8%	8%	0%
	无所谓	0%	4%	22%	4%	0%
	勉强接受	2%	2%	10%	0%	0%
	很不喜欢	0%	0%	4%	0%	2%

通过重复以上三步，我们就能将产品 / 服务基于经济价值、功能价值、心理价值、社会价值的各个功能进行归类，并按照前述的排序依据进行排序，最终为企业的产品设计与优化提供实践上的指导。

4.2.4　顾客价值创新

增长该来自哪里？现有业务能否为企业带来持续的增长？企业如何才能实现持续的增长？

● **困扰企业的"增长魔咒"**

当企业做好了当下的两件事——清晰洞察出价值主张以及实现边界突破之后，要想继续取得增长，往往会陷入"增长的魔咒"，这个概念是由哈佛商学院教授克莱顿·克里斯坦森提出的，克里斯坦森认为，市场上大约只有10% 的企业能够维持良好的增长势头，更多的企业往往为了增长而付出了努力，结果却吃力不讨好，反而拖垮了整个企业。所以，大多数企业家都落在了一个进退两难的境地：一方面，市场上激烈的竞争要求他们推动企业成长；

另一方面，他们却不知道究竟该如何实现增长，倘若盲目追求增长的话，结果可能会得不偿失。

● S型曲线——对增长魔咒的刻画

由此可知，虽然增长十分重要，但是要保持持续性的增长，是非常困难的，这就是困扰众多企业的"增长魔咒"，那么，如何破除企业的增长魔咒呢？我们需要先明白为何会出现增长魔咒，而S型曲线，就是蕴藏着增长魔咒机理的一个概念。

S型曲线是一个数学概念，它存在于许多领域，如学习曲线、生物种群增长曲线等，都属于S型曲线。许多企业在预测未来的发展时同样使用S型曲线。事实上，S型曲线的应用远不止于此，我们人类的生命发展，政府、组织和企业的发展历程，各种各样的民主体系甚至民主本身，都适用于S型曲线。

从图4-6能够看出，最开始是投入期，包括金钱方面的、教育方面的或者各种尝试和实验，当投入高于产出时，曲线向下，由下而上的拐被称为"破局点"；当产出比投入多时，随着产出的增长，曲线会向上，如果一切运转正常，曲线会持续向上，但到某个时刻，曲线将不可避免地达到巅峰并开始下降，曲线由上往下的拐就是"极限点"，也叫"失速点"，这种下降通常可以被延迟，但不可逆转。

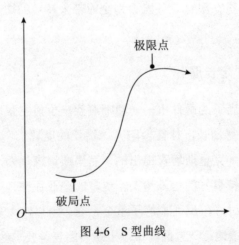

图4-6　S型曲线

通过 S 型曲线，我们认识到，企业的发展，同样是遵循着一个先下后上，然后再向下的 S 型规律的，当企业完成了顶层框架中的顾客价值主张、组织边界突破后，企业相当于实现了从"破局点"到"极限点"的迈进。然而，一旦到达了极限点，企业还是会无可避免地走下坡路。在数字经济时代，这个规律尤为适用，因为环境远远要比以往复杂，企业所面临的挑战与不确定性在增多。在数字经济的浪潮下，没有什么是永恒不变的，企业要想在如此艰难的环境中实现新的增长，就必须在 S 型曲线的基础上实现增长突破。如何突破呢？——发展第二曲线。

● 第二曲线——跨越第一曲线的新增长极

第二曲线的提出者查尔斯·汉迪在《第二曲线：跨越"S 型曲线"的二次增长》一书中讲述了一个很有趣的"戴维酒吧"小故事。作者当年驾车穿过一座山脉时不小心迷路了，碰巧看见一个正在遛狗的人，于是作者停车请他指给自己前往阿沃卡（目的地）的路，遛狗的人告诉他：沿着山路直接向上开，然后再往下开大约一英里，来到一条有座桥的小溪旁，小溪的另一边是戴维酒吧，在离戴维酒吧还有半英里的时候，向右转往山上开，那就是去往阿沃卡的路。

在后来，作者发现，这件不起眼的往事，恰好蕴含着第二曲线的哲理。离戴维酒吧还有半英里向右转往山上开，而向右转的那条通往目的地的路，人们往往会错过，作者自己也不例外。人们要去阿沃卡，最后却发现自己停在了戴维酒吧，而发现时已经太晚了，因为他们已经错过了"转向未来"的路。这与第二曲线蕴含的哲理有着异曲同工之妙。

查尔斯·汉迪在书中有过这样的论断：任何一条增长的 S 型曲线，都会滑过抛物线的顶点，持续增长的秘密是在第一条曲线消失之前，开始一条新的 S 型曲线。此时，时间、资源和动力都足以使新曲线度过它起初探索挣扎的过程，而这条曲线，便是第二曲线（图 4-7）。

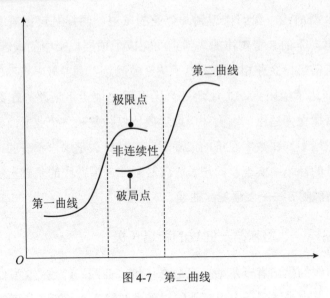

图 4-7　第二曲线

　　第二曲线必须在第一曲线到达巅峰之前就开始增长，只有这样才能有足够的资源（金钱、时间和精力）承受在第二曲线投入期最初的下降，如果在第一曲线到达巅峰并已经掉头向下后才开始第二曲线，那在现实中就都行不通了。但现实中，绝大多数企业往往都会因为第一曲线的成功而忽视了潜在的新技术和新需求，从而错过了发展自己第二曲线的最好时机，例如柯达公司忽视了数码摄影的可能性，等它回过神来为时已晚。

　　那么，具体应该怎样从第一曲线，发展到第二曲线呢？

● 发展第二曲线要点：围绕原有顾客，趁早挖掘新的价值增长点

　　正如查尔斯·汉迪所言，第二曲线必须在第一曲线到达巅峰之前就开始增长，这也就要求企业要趁早深入挖掘顾客的新需求，实现顾客价值创新。

　　比如苹果公司，在苹果公司推出的 Mac 电脑大卖之后，乔布斯并没有被眼前的成功蒙蔽住双眼，事实上，乔布斯和他的团队早已着手研发 iPod 并进军商业音乐界了，而当 iPod 占领市场的时候，乔布斯又开始设计完全不同的新产品 iPhone。

　　这个案例说明，企业需要未雨绸缪，不能只满足于发展第一曲线时取得的成功，这就要求企业围绕原有的客户群继续挖掘其需求。这样不仅能节省拓展新客户的成本，而且能够让企业在价值创新的过程中巩固自身的价值主

张，加强顾客忠诚度。例如小米的第一曲线是手机业务，发展第二曲线时小米始终围绕着其核心客户群"米粉"的顾客价值，推出符合"米粉"需求的小米手环、智能家居等，全方位满足其客户群在智慧生活领域的需求。

● **方法论：通过私域运营实现第二曲线创新**

在数字经济时代，私域运营就是一种围绕原有顾客不断进行价值创新的良好方法。

什么是私域？私域是品牌或企业直接拥有的，可重复的低成本甚至免费触达用户的场域。在上海虹桥机场，瑞幸咖啡柜台上贴着一张印有二维码的收据条，上面是手写的一行大字"请扫二维码加群"。这就是瑞幸咖啡的私域雏形，将线下门店看作一个引流的入口，将进店的消费者以"加群送优惠券"的形式吸引到社群中。

为什么要做私域呢？因为在数字经济时代，消费者在变，导致消费方式正在发生转变，消费者花钱购买的不仅是产品，还有服务、体验和个性，甚至在做出决策的不同过程中，影响消费者做出决策的因素也不尽相同。于是布局私域连接客户，提炼目标客户画像了解他们的诉求、兴趣、个性、消费力等才是实现长久生意之道，也是我们发展第二曲线的根本之道。归结下来，私域运营有以下三个主要优势：

① 私域是数字经济时代新的获客战场。比如，全国连锁 KTV 品牌唱吧麦颂做私域是源于对新流量的渴望，在存量渠道之外开辟一个获客新渠道，所以将私域看作为获取新客、维系客户的新战场。

② 私域能让企业更好地满足顾客的个性化需求。例如全球注册用户超过 6 300 万人的同性社交平台 Blued，为进一步满足个性化且需要专业及时响应的 HIV 健康服务需求，而专门搭建了私域平台，确保与用户的高效沟通。

③ 私域是企业发展第二曲线、测试新品的重要渠道。比如，奥利奥将新品在私域中测试，当听到私域池中有不错的反馈声音之后，才会面向市场大规模销售，这样能够保证新品的成功上市。

那么，我们具体如何通过私域运营，发展第二曲线呢？分为引流—孵化—转化三步走。

第一步：引流。引流可以分为广告流量、内容流量与其他流量三大来源。

广告来源主要是常见的公域流量，即基于效果广告、搜索排名、平台算法、展示广告等方式的流量来源，比如信息流广告等。

内容流量主要是基于短视频、直播、图文等内容形式的流量，比如来自抖音、淘宝等直播带货的流量。

其他流量包括各类优惠活动诱导的流量，以及线下门店、线下广告等来源的流量。

企业需要通过在公域流量不断发展壮大，制造声量，获得最大的曝光量，然后引导流量转入私域，这是第一步。

第二步：孵化。当通过公域流量把流量引入自己的私域流量池后，就需要持续孵化，挖掘用户价值了。孵化的方法有三个维度。

首先是内容运营，比如公众号内容运营、社群内容互动、视频内容运营等。

其次是活动运营，直播活动、促销活动、拼团活动、新品活动、线下活动等。

最后是数据化运营，也就是通过对用户进行分层、分类标签的方式来对用户进行精细化管理。

第三步：转化。到了这一步，我们就能够将私域流量转化成能为企业所用的资源了。转化共有三个阶段。

首先，将用户转化为产生购买行为的"顾客"，这是最为直接的一个变化，标志着用户开始认可你的产品/服务。实现交易转化可以说是一个给用户不断搭梯子的过程，用户从了解到感兴趣到购买，中间主要会经过兴趣了解—激发需求—建立信任—行动成本四个步骤。企业需要在这四个步骤中进行精心设计，才能激发用户的购买行为。

其次，将顾客转化为具有更高黏性的"忠实顾客"。这是顾客与企业建立牢固连接的开始，这一步的成功与否，也决定着企业的第二曲线能否真正顺利地发展。在这一步，我们需要更加注重客户关系管理，为用户提供更加无微不至的服务与关怀。

最后，将忠实顾客产生的价值转化为发展第二曲线的洞见。通过私域流量积累的忠实顾客的各类数据，对于企业而言是一笔十分宝贵的资产，它在很大程度上代表了顾客对产品 / 服务的真实感受，也蕴含着顾客的深层次需求。我们可以借助这一数据资产，对顾客价值进行进一步拓展，实现低成本的产品或服务创新，开辟第二曲线，并借助忠实顾客对新产品 / 新业务的反馈，检验新产品 / 服务的可行性。

我们通过一个综合案例来看一看在数字经济时代，企业如何通过私域运营并结合数字技术赋能实现第二曲线创新。

● **案例：元气森林打造私域 DTC（直面消费者）渠道，通过数据驱动实现第二曲线创新**

2016 年，元气森林成立，凭其 "0 糖 0 脂 0 卡" 饮品的宣传迅速风靡全国，只用了短短 4 年时间，估值就从 0 飙升到 140 亿元。在不断实现增长的过程中，元气森林必然面临着新品研发、产品创新等关系到开辟第二曲线的问题，那么元气森林是如何做的呢？靠的正是私域运营。

元气森林不仅建立了自己的小程序商城、服务号体系，还使用了企业微信来加粉，并且在持续运营微信群。根据相关数据监测，元气森林在微信私域（企业微信＋服务号）的用户量已经超过 20 万名，而小程序近 5 个月的总营收接近 1 000 万元。

元气森林的私域运营同样遵循着前述三个步骤：引流、孵化与转化。

首先是引流阶段，元气森林的方式是通过朋友圈广告投放，将用户引导至落地页，然后导流关注服务号。活动的诱饵通常是新品发布，或者大力度优惠促销。用户想要领取优惠券，就必须添加企业微信客服，从而真正进入私域内，最后去小程序下单。

其次是孵化阶段，元气森林采用多样化的形式进行运营，例如以每天2~3 次的频率在群内推送大量产品信息，还是以优惠为主；同时以 1~2 周一次的频率，企业微信私聊推送优惠活动；除此之外，元气森林还建立了一个内容社区，以便收集用户的反馈信息，并增强用户的社群归属感。

最后是转化阶段，在这一步，元气森林的重点指标不是私域的 GMV，而是收集了多少用户数据。也就是说，用户是否发生购买行为并不是元气森林最关心的，更重要的是用户提供的数据。元气森林深知第二曲线创新的机会就藏在这些数据中，通过借助孵化后的忠诚顾客，元气森林能够以极低的成本进行新品测试。元气森林在小程序上发起"体验官"系列活动，邀请用户参与新品测评，并撰写评价，产生反馈数据，之后元气森林利用大数据工具，对反馈内容进行分析，以挖掘更深入的洞察，进而发展新的第二曲线。据了解，目前测评过的产品主要有用赤藓糖醇制作的可代替白糖的"0卡糖"、低脂的"鸡胸肉肠"、北海牧场新品"宝石杯酸奶"、"爆珠波波酸奶"，还有外星人功能饮料等。

总而言之，回到本节最初的问题，企业如何才能实现持续的增长？答案已经逐渐明朗，在第一个业务步入"极限点"之前，企业需要提前启动新的业务增长点，而启动新业务的增长点的方法，就是深化原有顾客关系，并进一步拓展顾客价值，比如私域运营；在第二个业务步入"极限点"之前，又启动下一个新的业务增长点……如此往复，生生不息。这便是对基业长青的最佳定义，也是企业基业长青的必由之路。

4.2.5 组织边界突破

在顾客价值主张、顾客价值创新两个小节中，我们主要回答了开展什么业务的问题，但这是远远不够的，我们还需要关注如何有效地开展业务，也就是效率的问题。在明确发展的方向后，企业要想继续由大变强，必须提高自己的效率。如何提高效率呢？

从较为微观的视角来看，我们可以从企业经营的具体流程入手，比如利用新技术改良生产过程、利用新管理手段提高管理效率等具体的措施。这些方法因企业而异，不同的企业，其数字化能力、组织能力是不同的。那么，在数字经济时代有没有一种更加通用的逻辑，能够让企业降本增效呢？这就需要我们从更加宏观的视角来进行思考，既然自己在生产流程中的某一环节效率低下，为何不把这部分工作让效率更高的企业来做呢？这便是我们接下来要说的顶层框架中"组织边界突破"的概念。

对于什么是边界、什么是边界突破，我们在第2章进行了简要阐述，但是我们没有回答，为什么非要进行边界突破？

● **数字经济时代呼唤着组织边界突破**

（1）宏观环境的推动

首先，宏观环境呼唤着边界突破，在数字经济时代，企业所处的外部经营环境变得越来越复杂，主要体现在客户需求的多样与个性化、市场迭代的快速化以及竞争态势的国际化。随着物质生活的日益富足以及信息科技导致的客户与商家之间的不对称信息越来越少，客户的需求越来越挑剔，要求越来越严格，这就要求企业不断创新，保证能够以最快的时间、最低的成本以及最大的创造性为客户提供产品及服务；此外，在数字经济时代，科技更替加快，各种新事物层出不穷，从而导致市场竞争日益激烈，市场多变且难以预测，这就要求企业能够及时地捕捉信息并快速传递信息给企业相关的供应商，以迅速组织生产。

（2）经营理念的转变

其次，在数字经济时代，企业的管理经营理念也发生了转变，第一个转变：从注重内部效率到注重外部效率的转变。从前，外部环境对企业的影响是有限的，企业更愿意强化自身的边界而提高内部效率，来提高企业的绩效。而现在，外部环境越来越复杂，企业越来越需要注意外部环境的影响，需要将注意力更多地转移到外部效率的提升和挖掘上，而组织边界突破，正是注重外部效率的一种方式。第二个转变：经营理念从多样化经营转变为"专精特新"。企业不再拘泥于大而全，而是关注核心能力的建立与培养。第三个转变：竞争观念从完全竞争转为协同竞争，企业之间越来越需要相互信任、相互合作与协同。这几种企业观念的转变，都为组织边界突破奠定了基础。

（3）数字技术的发展

最后，数字技术的发展是企业进行边界突破的技术推动因素。数字技术的发展，大大降低了企业之间的交易成本，使得企业之间的合作成了自然而然的选择。大数据、云计算等技术，使得企业能够依托外界实现自身资产负重的释放。5G 等通信技术的发展，又为企业间的实时交流与传输提供了方便快捷的平台。

因此，正是在数字经济时代外界环境的巨大压力之下，在企业组织与管理观念变化的基础上，以及信息技术进步与发展的推动下，企业才有必要进行组织边界的突破。

● **企业边界的本质——决定企业能做什么，不能做什么**

在了解如何进行组织边界突破之前，我们需要深入探究企业边界的本质。

企业边界是企业与外界环境之间的界限，具有区分一个企业与其他企业的作用，它往往决定了一个企业能够做什么，而不能做什么。

这种区分对于企业的存在是有必要的，因为企业之间如果没有分离的界限，那么企业与市场环境之间的区别将会消失，企业也就不复存在，我们可以把企业边界想象成一个"壳"，如图 4-8 所示，这个"壳"将企业与其他企业区分开来，但往往也会增加企业间沟通、合作与信息共享的难度。

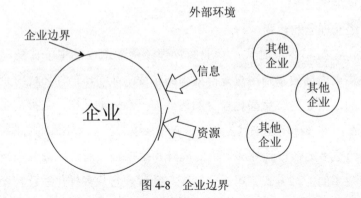

图 4-8　企业边界

确定企业边界一直是一个令人头疼的问题，例如，经济酒店往往强调 3B 策略，即客床（Bed）、沐浴（Bath）、餐饮（Breaking），而餐饮一般指的是早餐。有的酒店老板会想，许多外地来旅游的顾客往往想吃当地有特色的早餐，而不愿意在酒店享用早餐，这是不是说酒店以后的发展就没有必要搞餐饮了呢？或者说酒店定位就应该是客房为主、餐饮为辅呢？为了解决这个问题，我们需要对交易成本的概念进行深入理解。

（1）社会分工理论——分工促进效率，受制于交易成本

经济学家亚当·斯密在其著作《国富论》中提出了社会分工的概念，他认为财富的增长在于劳动分工，分工会促进技术进步、交换发展、投资增

加。分工和专业化水平越高，社会就越发达。

在书中，亚当·斯密讲述了一个制针厂的例子，在一个制针工厂中，如果制针业务的 18 道工序全部由一名工人完成。用他最大的努力，一天也做不了一根针。而如果放在一个雇佣 10 人分工的小工厂里，假如其中有人从事两三种分工，这 10 个人每天就可以制成 48 000 枚针，平均每人可以制作 4 800 枚针。

也就是说，由于分工，劳动者的技能和熟练程度提高，节约了一道工序到另一道工序的时间成本，并使得节约劳动的机器发明和使用成为可能。亚当·斯密认为，无论是社会大分工还是企业内部的分工，总是能够提高效率的。

更进一步，亚当·斯密提出了著名的斯密定理，说明了市场大小会影响分工程度。其内容主要包括以下三点：①分工是经济增长的来源；②分工依赖于市场大小；③市场大小取决于运输条件。亚当·斯密认为，在分工演化过程中，生产链条会不断延长，分工不断细化，专业化程度提高，交换环节不断增加，市场成本会上升。这是比较容易理解的，随着产业的发展，越来越多的人想要分这一杯羹，对于一条产业链来说，中间环节不断增加，利润空间也就越来越小，分工也就难以继续演化。因此，我们认识到，社会分工与市场容量和交易成本有关，如果市场容量小，交易成本高，分工就难以扩张。而交易成本，便是我们理解组织边界突破的重要概念。

（2）科斯企业边界理论——企业边界取决于交易成本之间的比较

从交易成本理论的角度来看，企业是对市场的一种替代。经济学家科斯在著作《企业的性质》中，对企业边界的确定进行了深入的解释。科斯深化了交易成本这一概念。他认为，企业之所以存在，是因为市场运行是具有交易成本的，这一成本可以归纳为许多因素，如发现价格的成本、谈判和签订合同的成本、执行合同的成本等。企业形成的原因正是为了减少这些成本，而把交易转移到企业内部。企业边界就在于企业的组织成本等于交易成本的交界处，企业存在或扩充与否，取决于成本之间的比较：当企业内部的成本高于市场交易的成本时，企业边界将趋于缩小乃至消失，即市场替代企业；反之，企业得以存在或扩充边界，即企业替代市场。

科斯的结论是：企业会扩大到一定程度，使得在企业内部进行一次交易的费用与同样的交易在市场上完成的费用相等，而这个扩大程度便是企业的边界。例如之前提到的酒店的例子，酒店自办餐饮，属于组织成本。酒店老板发现，自己酒店经营效益不好，但是将场地对外进行承包，所得的收益要比自办的高，另外还省去了日常的经营管理琐事，规避了风险，又提高了效益，还打响了酒店的品牌，这样一举三得的事情，酒店自然是选择对外承包。而酒店对外承包发生的就是交易成本，酒店老板要做的就是在组织成本和交易成本中做出准确的判断和选择，找到企业的边界。

- 边界的进一步划分——生产可能性与组织可能性边界

从战略上来讲，突破边界需要重组要素，核心是效率最高，成本最低。而企业边界的影响因素有两个：生产可能性边界、组织可能性边界。

人们对企业的功能、组织、生产、契约、产权等进行分析，可以发现这些要素可以分为两大类：生产性要素和组织性要素。

生产性要素明确了企业核心能力大小、生产范围、上下游产品等，可以界定企业的生产可能性边界（可以生产什么、生产的能力大小、生产的异质性等）；组织性要素明确了管理成本、产权分配、契约的完整性等，决定了企业的组织可能性边界（可以拥有多大的机构、采取什么样的组织方式）。

因此，对于企业边界的突破，实质上就是对这两类边界的边际收益进行分析，哪类边界的边际收益大，就突破哪类边界。

- 数字经济时代，应扩大组织可能性边界，缩小生产可能性边界

我们具体该如何选择企业对策呢？需要结合数字经济时代的发展特点来分析。

（1）外部交易成本减少——扩大组织可能性边界

随着数字技术的发展，企业沟通的范围大大地扩展了，无论是获取市场信息，还是谈判和签约所需支付的费用都在不断降低。例如企业的业务可以开展到传统销售和广告促销所达不到的地方；企业也可以借助网络在全球市场寻求最优惠价格的供应商，并通过招标、投标等方式降低采购成本；此外，通过与供应商直接进行交流，可以减少由于信息不对称带来的损失。也就是

说，企业外部的交易成本在减少，市场机制的作用范围在扩大，这使得企业更愿意用外部契约的方式解决资源配置问题，从而进一步地扩大自身的组织可能性边界。

（2）"专精特新"日益凸显——缩小生产可能性边界

在数字经济时代，由于信息流通的加速、市场容量的增加，社会化分工的程度在不断提高。"专精特新"成为企业的一个新的发展趋势，原来的全产业链做法变得越来越难以继续下去，原因就在于生产可能性边界的边际收益在递减，企业要想在内部包揽生产的全部过程，必须问问自己这么做是否值得。一方面，自己的能力与资源是有限的，不可能将生产的每个流程都把控得十分完美；另一方面，市场上涌现出越来越多的专业生产代工的企业，生产外包的交易成本也在逐渐减少，在这样一种情形下，企业必然需要选择缩小生产可能性边界，聚焦自己的核心资源，干自己最擅长的事，而把不擅长的生产流程外包给其他企业，如此才能实现效率最高、成本最低。

● 案例：丰田公司的外包战略

我们已经了解了在数字经济时代，突破组织边界的方法就是扩大组织可能性边界，并缩小生产可能性边界。下面我们通过一个案例来进一步理解具体如何实现。

（1）外包是大势所趋

美国著名管理大师杜拉克曾经说过："在十年至十五年之内，任何企业中仅做后台支持而不创造营业额的工作都应该外包出去，任何不提供向高级发展机会的活动和业务也应该采取外包形式。"

这实际上在启示我们，在数字经济时代，企业经营者应该越来越专注于核心竞争力的经营，逐步地将重要但非核心的业务交由外部的企业去完成。因此，实现组织边界突破的第一步，就是重新审视企业的价值链上的业务，找出核心业务与薄弱的业务，并将薄弱的业务采用外包的形式，交由其他企业去完成。

外包具有以下优势：首先最直接的是它能降低和控制成本，许多外部服务提供者往往都拥有比本企业更高效的技术和知识，因此企业可以由此避免在设备、技术、研发上的大量投资。其次，外包能够分担风险，通过外包，企业能够与外部的合作伙伴共同承担来自市场、财务等因素的风险，使得企业更加柔性，更能适应外界的环境变化。最后，外包能够利用其他企业的投资能力，给予企业拯救未能盈利的业务的机会。

（2）丰田公司数字赋能外包实现组织边界突破

在数字经济时代，企业之间的协同效应被进一步放大，选择外包策略是扩大规模、降低成本、减少风险、快速响应市场需求的有效经营模式，是增强企业核心竞争能力和持续竞争优势的必由之路。丰田公司在选择外包战略的同时，通过数字技术实现与外包公司的良好协同，构建了高效的价值创造网络。

日本丰田总公司有160多家小企业与之进行外包交易。丰田通过智能供应链信息系统，与其供应商和合作伙伴建立了一个高效的合作机制。

首先，通过智能供应链信息系统，丰田能够运用一套控制体系对供应商的零件质量进行评估，并实时了解零件生产情况。其次，智能信息系统带来了形式清晰的信息与数据共享，帮助丰田与其他公司完善汽车的开发与制造流程。最后，丰田通过该系统提升了合作伙伴的兼容能力，丰田将供应商视为其技术能力的外延，供应商的开发、创新能力需要与丰田高度匹配。由于彼此之间相互依赖，共享知识与技能，共同开发与生产，所以既降低了丰田公司业务的不确定性因素所导致的风险，又降低了生产成本，改进了质量，加速了新产品开发过程。

4.2.6　生态系统演进

当企业发展到一定程度，在第一曲线上完成了顾客价值主张、组织边界突破，在第二曲线上实现了顾客价值创新之后，企业接下来的发展方向就是构建自己的生态系统，从而实现长远而可持续的发展。在这一小节，我们将深入生态系统的内涵，并进一步探讨在数字经济时代如何实现生态系统演进。

● 生态系统何以产生？——数字经济时代的三个转变

市场环境转变：在数字经济时代，企业经营环境已从过去相对稳定的静态环境转向日益复杂多变和充满不确定性的动态环境。企业面临着越来越严峻的挑战，只靠企业自身的力量难以应对，企业必须"抱团取暖"。

企业关系转变：企业之间的关系正由竞争转为竞合，合作的重要性远大于竞争，企业间一对一的竞争逐渐让位于企业群组间的对垒和交锋，企业间的生态系统便应运而生。

企业目标转变：企业的目标从工业时代的注重整合资源、追求效率、规模经济逐渐转变为挖掘潜力、协作创新。企业正在从只关心自身的利益转向关注与其相关的贡献者，比如上下游企业、合作伙伴、同盟者和监管者等的利益。

现今我们常说，企业要么做生态，要么"被生态"，生态已然成为数字经济时代企业发展的一条必经之路，在了解如何做生态之前，我们需要先了解生态系统的本质。

● 什么是生态系统

在杰弗里·韦斯特的《规模》这本书里，作者发现了公司和城市的两个截然不同点：城市的规模越大越好，但是公司却并不是。比如公司的雇员增加一倍，净收入只会增加79%，这便是经济学中的边际效用递减规律。但是城市则恰恰相反，规模越大，运行成本越低，生命力越持久。而我们所处的自然界中的生物圈，则更是生生不息。基于此，我们不禁思考，如果公司的增长到一定规模必然反受其规模所累，那么，企业该如何突围，谋求更大更长远的发展？答案是模仿城市或生物圈的生态运营规律打造自己的生态系统。

生态系统这个概念最初起源于生物学，指的是生物种群和外界的非生物环境组成的统一整体，在这个系统中，各种生物通过物质循环、能量流动、信息传递而相互影响、相互依赖。

随着学科的交流与融合，生态系统这个概念渐渐延伸到了经济管理领域。美国学者詹姆斯·穆尔首次创造性地运用生态系统的概念解释企业的运作，他认为生态系统是一个经济联合体，而这种联合体的目标导向是一致的，那就是创造顾客价值。如图4-9所示，在这个联合体中，消费者、供应商、生产者、竞争者、政府以及其他利益相关者组合在一起，在共创利益和共享资源的前提下构成了一种平衡的关系。

图 4-9　生态系统组成结构

对于生态系统的概念，我们需要有以下几点认识：

（1）企业生态系统是一种战略视角

首先，生态系统并不仅仅是一个名词，它更是一种企业在数字经济时代需要选择的新的经营逻辑和战略视角。这就要求企业经营者不能只盯着自己的企业，而要学会洞察企业生态的变化。

（2）企业生态系统的纽带是顾客价值

其次，企业生态系统的纽带是顾客价值，这就要求各成员将整个生态系统资源结合起来，共同发挥自己的能力和作用，共同致力于为顾客创造价值。因此，企业生态系统要得以存续，就必须给顾客提供有所期望的价值，才能获取足够的利润，满足各成员生存和发展，实现企业生态系统的良性循环。

（3）企业生态系统的目标是共同进化

最后，企业生态系统的目标是共同进化，生态系统中各成员通过价值共创，最终是为了实现共同进化，进而推动整个生态系统的持续迭代。

因此，我们可以对生态系统的本质做一个总结：企业生态系统是企业在日益复杂的环境下，为了自身生存和持续发展，战略性地按照生态学的思维和原理，以顾客价值的传递为纽带，以共同进化为目标，同与其利益相关的企业、组织以及个体共同构成相互作用、相互影响的系统。

企业要想实现生态系统演进，构建出自己的生态，需要进一步了解企业生态系统的四个关键要素：核心角色、无边界化、共同进化、价值共创。

● 核心角色

（1）真实现象：自然界中的"关键种"

在自然界的生态环境中，存在着"关键种"，它们往往作为食物链上层的物种，维持着群落的稳定，如果它们消失或削弱，整个生态系统可能要发生根本性变化。

美国华盛顿大学的学者曾进行了一项研究海洋生物群落的捕食关系的实验，在实验中，海星是一个特定生态环境里的食物链上层的捕食者。实验者在将海星从群落中去除后，发现在一段时间后作为被捕食者的贻贝开始大量繁殖，占据了该生态环境 80% 的领域，但 9 个月后，该生态系统中贻贝的食物严重不足，导致贻贝数量急剧下降，生态系统中的各种藻类、软体动物等由于缺乏适宜的生长环境而相继消失，最终生态系统被破坏。

该实验表明，生态系统中存在着由上营养级到下营养级的控制机制，而形成这种控制机制的物种就是海星这样的关键物种。将这个概念类比到企业生态系统中，我们同样可以发现，企业生态系统中存在着"核心角色"。

（2）理论剖析：资源依赖理论

按照资源依赖理论的说法，企业的存续需要资源，但企业一般情况下不能独自生产这些资源，因此，为获得资源，企业必须要与环境互动，企业深深地嵌入了环境之中，只有通过环境才能获取实现战略、保证成功的关键资源，因此企业就会对环境产生资源依赖。而如果一个企业的成功非常依赖于一种专门的能力，并且这种能力又是不可替代的，那么上述企业就会高度依赖外部拥有此种能力的组织，而拥有这种专门能力的组织，就是我们所说的核心角色，也就是之前提到的海洋生物群落中的"海星"。

（3）成为核心角色：构建长板能力，实现长板能力平台化

通过对核心角色的理解，我们可以发现，企业要想在一个生态系统中处于重要地位，那么它必须注重长板能力的构建，使自己成为核心角色，核心角色能够直接影响到其他企业对自身的依赖程度，从而使该企业在这个生态系统中占据主导地位。因此，企业必须培养出自己的长板能力。

需要注意的是，在数字经济时代，这种长板能力往往是数字化的、底层的、无法替代的，比如小米的大数据分析用户价值的能力，以及华为打造的鸿蒙系统。同时，这种长板能力一定要是生态系统中的其他合作伙伴所需要的，也就是资源依赖理论视角下的关键资源，这种关键资源既可以是小米所拥有的用户价值，也可以是京东所拥有的物流能力，总而言之，它需要解决合作伙伴的痛点，让合作伙伴产生想与你合作的念头。

借助自己的长板能力，企业可以逐步构建出生态系统的前期结构——平台。通过长板能力形成平台的过程中，我们一定要采取利他性合作的分布式经营方法，自己不必占据太多份额，而让合作伙伴得到充分的发展，因为自己给合作伙伴赋予的能力越多、越大，自己的生态商业版图也会变得越来越大。

（4）核心角色案例：华为鸿蒙系统

华为的鸿蒙系统，就是华为所具备的核心能力之一。

一方面，鸿蒙系统是其他合作伙伴的依赖资源。

例如，对于设备制造厂商而言，国产家电厂商是鸿蒙生态的直接受益者。因为家电厂商现在都有很强的智能化需求，而他们普遍会面临"伪智能化"的窘境。如果采用传统安卓系统下各智能硬件在软件应用层的互联，其应用发现和连接成本非常高，以美的为例，其具备 WiFi 功能的各智能家居在过去用户联网率仅有 10%，且联网仅仅是第一步，还要鼓励用户使用线上功能从而留存数据，这需要用户下载使用"美的家居"App 进行操作，联网用户中只有 30% 的人能够下载 App，安装过 App 的用户里可能又只有 30% 的人会选择经常使用 App 进行线上操作，而且每次操作前还需要先寻找"美的家居"App，这些过程中都存在巨大的用户损耗，算下来可能只有 3%~5%

的智能家居装机用户在真正使用线上功能，这便是之前智能家居硬件在国内发展缓慢、体验差的核心原因。

而现在智能硬件接入分布式的鸿蒙系统后，用户可以通过下滑菜单栏的方式直接发现周围兼容鸿蒙系统的设备，使用外界设备就像使用本机手电筒一样便捷，用户使用智能硬件的操作步骤每简化一步，智能家居的用户数量、用户时长都会有质的提升。

另一方面，华为采用开源平台式共享鸿蒙能力。

鸿蒙系统自身具备开源的特点，华为将鸿蒙系统的基础能力全部捐献给了开放原子开源基金会，各个厂家都可以平等地在开放原子基金会获得代码，企业可以根据各自的业务诉求做自己的产品。

华为正是通过打造鸿蒙这一项长板能力，并将长板能力平台化，采用开源的利他式经营，才得以发展壮大自己的智能家居生态。

● 无边界化

（1）无边界化不代表边界的消失

无边界并不意味着原先组织边界的完全消失，而是组织边界变得模糊化，形成模糊性和渗透性强的新的柔性化边界，这种模糊化、柔性化的边界既能将生态系统中的各成员进行区分，又能够使信息、资源、构想及能量快捷、便利地在各成员之间流动，促进各项工作顺利展开和完成。这种边界就像生物体的隔膜，虽然有着足够的结构强度，但是并不妨碍食物、血液、氧气、化学物质畅通无阻地穿过。

（2）生态系统中真正的边界是顾客价值

实际上，将企业生态系统中各成员围住的"壳"，是顾客价值。凡是与相同顾客价值创造过程有直接关系的企业、社会组织或个人都是生态系统的组成部分。在数字经济时代，企业的价值创造和获取方式更表现为从"边界约束"向"跨界协同"转变，满足顾客新的需求变化的可能不是企业本身，而是生态系统内的合作者。因此，传统的企业边界被打开，通过生态系统的合作使企业拥有了满足顾客需求的新能力，实现企业和顾客的无边界融合，提升了组织效率，这是重构企业边界的本质。

（3）无边界化案例：GE 公司的无边界合作生态系统

美国通用电气公司（GE）深知协作共赢才能走得更远，在数字经济时代，仅凭一己之力无法走得更远。GE 的第八任 CEO 杰克·韦尔奇在短短 20 年的时间里使通用电气的市值达到了 4 500 亿美元，增长了 30 多倍。他获得巨大成功的关键就在于他创造了无边界的管理模式，将无边界的管理思想渗透到了 GE 的各个方面。

他认为，理想中的无边界公司应该是这样的：各职能部门之间的障碍完全消除；工程、生产、营销以及其他部门之间能够自由流通、完全透明；企业外部的围墙被推倒，供应商和用户成为一个单一过程的组成部分。

GE 在杰克·韦尔奇思想的指导下，变革了合作伙伴生态系统，实现了无边界化，GE 将应用程序经济的能力与 GE 不断增长的合作伙伴生态系统相结合，提供现成的数字化解决方案，创建了一个协作与开放创新的合作伙伴生态系统。

GE 的合作伙伴计划采用"协作与开放创新"的模式，不仅包括经销商，还包括技术合作伙伴、独立软件开发商（ISV）和成千上万的开发人员，这些成员能够通过 GE 创造的世界级数字化工业平台——Predix 实现合作，保证信息畅通无阻，实现敏捷开发、快速创新，迅速将重要的成效交给客户，这样一来，GE 就将生态系统内部的企业与企业之间、企业与顾客之间的边界打破，实现了无边界融合，使得效率大大提高。

正是在无边界理念的指导下，GE 才不断创新，始终保持惊人的活力，成了道琼斯工业指数 1898 年建立以来唯一存在的公司。

● 共同进化

共同进化同样是生物学的一个概念，以猫抓老鼠为例，猫捕食老鼠，虽然让老鼠的数量减少了，但由于被抓的都是虚弱而非机灵的老鼠，劣势的个体被淘汰了，所以剩下来的老鼠的逃生能力变得更强，而这样一来，为了抓到这些更机灵的老鼠，猫也必须变得更加敏锐和强壮，这就是共同进化的过程。

共同进化是企业生态系统的目标。企业生态系统各成员能够通过相互间的竞合实现共同进化，进而推动整个生态系统的进化。一方面，扮演核心角色的企业可以通过对其他参与成员持续赋能，以增强其价值创造的效率和有效性；另一方面，核心企业之外的参与成员同样渴望扩张与盈利，会基于自身的远见与实力自发地付出努力、进行创新，这可以增强核心企业的技术实力，并提高其产品与服务的吸引力，甚至可以帮助核心企业实现全新的价值主张、进入全新的价值创造空间。

总而言之，要想与其他合作伙伴实现共同进化，我们必须具备共生逻辑，让组织形成命运共同体，拥有集体智慧。在保持组织独立性和自主性的同时，基于协同合作进行信息和资源的共享，通过共同激活、共同促进、共同优化，获得组织任何一方都无法单独实现的高水平发展。尽管共同进化不可避免地会带来冲突与分歧，但它从更大程度上实现了彼此更优越的进化循环。

共同进化案例：7-Eleven 打造共创平台，与伙伴共同成长

在零售业有一种说法："世上只有两家便利店，7-Eleven 便利店和其他便利店。"作为全球最大的便利店特许加盟组织，截至 2016 年 2 月底，7-Eleven 在全世界 17 个国家和地区已开 58 904 家店。7-Eleven 基本没有自己的直营商店，也没有一个工厂是自己的，更没有一个配送中心是自己的，却成为近百亿利润的零售企业。这是为什么呢？

7-Eleven 既是一个特许加盟连锁的利益共同体，更是一个命运休戚相关的命运共同体。7-Eleven 通过实现协调合作的共有化原则与合作伙伴实现共同进化，包括共享观念、理念和思想，共享具体目标和目的，共享顾客，共享信息，共享系统，共享经营成果。作为日本零售业最大的 B2B 共享经济体，7-Eleven 的成功离不开其与加盟店、制造商和供应商构造的相互依靠的生态系统。

例如，通过这个生态系统，7-Eleven 可以实现全球最有效率的共同配送系统。共配系统打破了制造商和企业之间的高墙，并且跨越了商品品类的框架，组成了共同配送的体系。无论是 SEVEN 银行、SEVEN 网购或是 SEVEN 外送餐，还是策略联盟的供应商们，都通过这个共创平台获得了巨大的利益。比如亚洲最大服装零售商优衣库线上的订单，可以到日本大部分

7-Eleven 商店自提，这个极大方便了顾客，消费者不用在家等收快递，可以就近选择离家或者办公地方最近的 7-Eleven 便利店进行收货。

7-Eleven 将工厂、配送中心和加盟店与总部结为命运共同体，前者的利益就是后者的利益，后者的革新与前者的成果直接相关。在担任鲜食商品开发与生产的合作伙伴当中，一些曾经名不见经传的中小企业，在 7-Eleven 得到发展的同时，也实现了自我成长，甚至成为上市企业，与 7-Eleven 一同实现了进化。

● 价值共创

在生态系统中，价值共创强调将企业与合作伙伴、竞争对手、用户等组合在一起，在共创利益和共享资源的前提下形成生态圈关系，在生态系统中实现资源共享、互补和协作，节省系统内成员企业的经营成本，提升系统内产品服务的附加值，在互补和创新中创造更大的收益，共同助力实现企业价值最大化。

如何实现价值共创呢？我们需要关注价值创造的过程以及价值分配过程。

（1）聚焦价值创造过程

随着企业边界的打开，企业自身的价值创造流程可以扩展为一个由企业自身、顾客、供应商、合作伙伴、同盟者等相关利益者甚至竞争对手等组成的价值网络。在这个价值网络中，企业可以针对顾客特定的需求对自身的价值流程进行再造和重组，将有限的资源集中于企业的战略价值流，将自己并不具备核心能力的价值流程交给其他更擅长的企业或个人去做，对来自不同合作者的核心能力进行动态组合，将外部资源以嵌入方式融进企业价值流程之中。

通过共享核心能力，使得企业在整个价值流程上都具有竞争优势，超越了自身的一些内在制约。由此形成的企业价值流，是真实价值流和"虚拟价值流"的组合。比如手机企业，为了给顾客提供高性价比的手机产品，设计价值流可由企业的设计团队和"发烧友"共同参与完成，生产价值流可选择代工制造商，销售价值流则可通过互联网来实现。

总而言之，在价值创造过程中，企业应当将自身不具备核心能力的价值流程交给生态中其他伙伴来做，同时对来自不同伙伴的核心能力进行动态组合，嵌入自身价值流程中，这样才能创造最大化的价值。

（2）注重价值分配过程

既然组织是开放的，企业价值链是"虚拟""实体"相互结合、内外部相关利益者相互融合、内外部要素和流程相互嵌入的动态开放结构，那么其利益机制和结构往往是分享型的：价值链（网）上的相关利益者（供应商、渠道、用户等）共享价值创造的成果。

在某些情形下，只有利益共享，这种"开放"才有可能成为现实；否则谁会来参与和融入呢？例如，我国部分电信运营的应用服务项目长期以来种类少、吸引力弱，是与其开放、分享程度不高相关的。而苹果 App Store，由于设置了与软件提供者分享的利益机制，才有可能吸引全世界创意及软件人才共同参与，使软件产品始终处于源头活水的状态。因此，我们在做大蛋糕之后，还需要注意如何分配蛋糕，蛋糕的分法，决定了生态伙伴参与价值共创的积极性。

（3）价值共创案例：海尔产品创新平台

海尔一直是一家注重创新的企业，而海尔的创新方式，便是与生态的合作伙伴、用户共同通过价值共创来实现的。海尔在全球建设"10+N"的研发中心，并以 HOPE 开放创新平台为依托，用全球科技服务全球用户，不断创造引领时代的新产品。海尔 HOPE 开放创新平台，云集不同行业、不同领域的领先用户和专家、资源进行生态共创，在创新资源对接、科技成果转化方面，实现遥遥领先。

海尔认为传统的调研—设计—生产—销售—售后模式已经落后，尝试推出一个旨在满足客户个性化需求的产品创新平台 HOPE——结合众筹、用户交互、C2B 定制和孵化器等模式于一体。

有了 HOPE 开放创新平台，海尔能够随时随地得到来自全球各地专家、团队、用户的帮助。在海尔，优渥的创新资源是每一位研发人触手可及的。海尔创新平台上，连接 20 多万名技术专家、100 多万条研发资源，24 小时支持在线交互创新研发。

在这个平台上，海尔内部创业团队或者第三方均可提交创意项目，用户对感兴趣的产品进行预订、互动参与以及售后反馈，海尔则提供生产供应链资源、专业资源（专家支持）、渠道资源以及一定规模的创新基金，培育新的产品线。这样，企业可以源源不断地从外部获取稀缺的创意资源，与内部资源互补，真正成为智慧组织，与各方实现价值共创。

参考资料

[1] 名创优品数字化变革打破行业竞争壁垒，顺应消费升级 [EB/OL].https://baijiahao.baidu.com/s?id=1679132510051828308&wfr=spider&for=pc

[2] 陈春花：数字时代的战略选择，核心在于回答好四个问题 [EB/OL].http://www.360doc.com/content/19/0316/19/27972427_822047202.shtml

[3] 毛基业：数字化转型是"人"的转型 [EB/OL].https://m.thepaper.cn/baijiahao_17648847

[4] 韩璐.制造企业供应链数字化转型机理与决策模型 [D].北京：北京交通大学，2021.

[5] 杨杰.大数据背景下进口跨境电商营销策略研究——以考拉海购为案例 [D].江西财经大学，2020.

[6] 汤兵勇，徐亭，章瑞.云图·云途：云计算技术演进及应用 [M].北京：机械工业出版社，2021.

[7] 潘云鹤：AI 走向 2.0 的本质原因—人类世界空间由两元变成三元 [EB/OL].https://baijiahao.baidu.com/s?id=1649250721553802595&wfr=spider&for=pc

[8] 带你解密西门子"数字化双胞胎" [EB/OL].https://zhuanlan.zhihu.com/p/346277000

[9] 顾客价值理论 ——MBA 智库百科 [EB/OL].https://wiki.mbalib.com/wiki/%E5%85%B3E7%B3%BB%E4%BB%B7%E5%80%BC

[10] 什么是顾客心理价值 [EB/OL].http://www.hy755.cn/article/2967.html

[11] "环保"设计的价值——上市 97 天销量过亿的矿泉水 [EB/OL].http://fifinance.people.com.cn/n/2013/0625/c348883-21959628-2.html

[12] 去哪儿：如何通过产品完成后来居上，实现 10 倍增长？[EB/OL]. https://www.woshipm.com/operate/4048938.html

[13] 怎样才能让消费者心甘情愿为"绿色"买单 [EB/OL].https://www.solosea.com/gan-huo/detail-3972.html

[14] 技能 Get：卡诺模型的运用实操 [EB/OL].https://www.woshipm.com/pmd/701433.html

[15] 京东工业品，走在"全国统一大市场"之前？ [EB/OL].https://baijiahao.baidu.com/s?id=1733695536984531054&wfr=spider&for=pc

[16] 京东工业品"墨卡托"标准商品库以最高分斩获工博会 CIIF 信息技术奖 [EB/OL].https://baijiahao.baidu.com/s?id=1678518961005494111&wfr=spider&for=pc

[17] 京东 618 详解"有责任的供应链"助供应链价值向产业延伸 [EB/OL].https://baijiahao.baidu.com/s?id=1733585269766655669&wfr=spider&for=pc

[18] 李善友.第二曲线创新 [M].北京：人民邮电出版社，2019.

[19] 查尔斯·汉迪.第二曲线：跨越"S 型曲线"的二次增长 [M].北京：机械工业出版社，2017.

[20] 私域八问 [EB/OL].https://www.woshipm.com/operate/5410997.html

[21] 私域流量本质及私域运营蝴蝶模型 [EB/OL].https://www.woshipm.com/operate/4410735.html

[22] 围绕私域原理漫谈美业私域运营 [EB/OL].https://www.woshipm.com/operate/5276767.html

[23] 12000 字解读元气森林：套利与降维的游戏 [EB/OL].https://www.woshipm.com/operate/4434740.html

[24] 王丹.企业与供应商之间组织边界形态研究 [D].哈尔滨：哈尔滨工业大学，2006.

[25] 张晓.商业生态系统中核心企业的组织边界研究 [D].北京：北京邮电大学，2020.

[26] 袁选民.无边界组织的构建和运作机制研究 [D].湘潭：湘潭大学，2005.

[27] 吴俊.无边界组织与组织边界研究 [D].北京：对外经济贸易大学，2007.

[28] 亚当·斯密.国民财富的性质和原因的研究 [M].北京：华夏出版社，2005.

[29] 杰弗里·韦斯特.规模：复杂世界的简单法则 [M].北京：中信出版社，2018.

[30] 胡斌.企业生态系统的动态演化及运作研究 [D].南京：河海大学，2006.

[31] 高丽.企业生态系统的生成机制与管理研究 [D].合肥：合肥工业大学，2011.

[32] 周烨.企业生态系统的演进对企业价值的影响——以阿里云为例 [D].呼和浩特：内蒙古大学，2020.

[33] 为什么 7-Eleven 能比肩阿里巴巴？其实它是共享经济大平台 [EB/OL].https://www.300.cn/dsnews/45362.html

[34] 价值创造方式革命：互联网对企业管理的根本性影响 [EB/OL]. https://www.sohu.com/a/67567964_343325

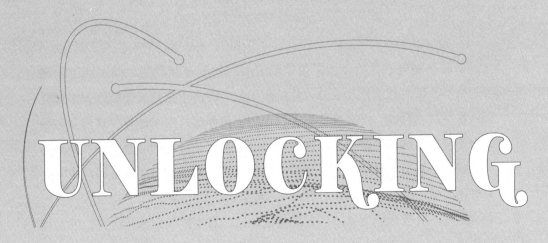

第 5 章

战略路径：

数字赋能企业增长战略的典型路径

A Roadmap for Achieving

Digital Growth in

Business

在前几章里，我们介绍了数字经济时代的变革新趋势，同时通过洞察若干数字经济时代的成功企业，总结出了数字经济下企业成功的五大关键要素：数字技术赋能、顾客价值主张、顾客价值创新、组织边界突破与生态系统演进。参考这些关键要素，我们搭建出了数字经济时代的企业增长战略顶层框架，并从理论机理层面将顶层框架的五个要素进行了战略解码，帮助大家对顶层框架的五个要素有一个深入的理解。

然而，对于企业而言，只有战略设计是远远不够的，为什么呢？因为我们还需要战略路径。

数字技术赋能、顾客价值主张、组织边界突破、顾客价值创新、生态系统演进这五个要素在顶层框架中都具有其重要性，但是，只关注五个要素中的某个要素是不够的。企业一旦着手将战略设计落地，就会不可避免地遇到一个问题：这五个关键要素，我应该先做什么，再做什么，最后做什么？这个问题实际上就是一个战略路径的问题。读完本章，你会发现，实现战略设计落地的过程，实际上是一条通过数字技术赋能，结合企业的生命周期，将其余四个关键要素串联起来的路径。在企业不同的生命周期需要具体关注不同的要素。

在本章中，如图 5-1 所示我们将顾客价值主张表示为 A、组织边界突破表示为 B、顾客价值创新表示为 C、生态系统演进表示为 D、数字技术赋能表示为 E。根据企业在不同生命周期的不同战略定位，我们总结出了以下三条战略路径，分别是：卓越运营者（E+AB）、价值拓展者（E+ABC）以及生态联盟构建者（E+ABCD）。

此外，为了更好地帮助读者理解三条战略路径，本章将以华为、小米以及京东为例，讲述这三个企业如何从卓越运营者发展为价值拓展者，最后成为生态联盟构建者。

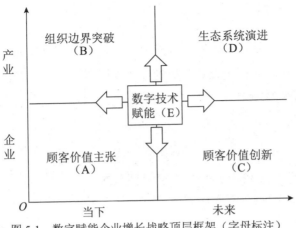

图 5-1　数字赋能企业增长战略顶层框架（字母标注）

5.1　战略路径总体概述

5.1.1　开拓期：卓越运营者（E+AB）

在第一条路径卓越运营者（E+AB）（图 5-2）中，我们强调企业在开拓期应当聚焦于顾客价值主张（A）与组织边界突破（B），为什么要先聚焦这两个关键要素呢？因为对于处于开拓期的企业来说，最重要的是要找准发展方向，并朝着发展方向不断提升效率，使企业运营步入正轨。

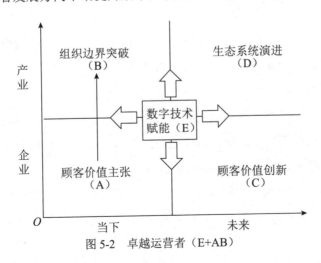

图 5-2　卓越运营者（E+AB）

● **认清"我"是谁**

在企业的开拓期，明确发展方向很重要，如果说经营企业就像是培育一棵树，那么第一步开拓期就是要找到合适的土壤，然后把根扎得足够深。在开始之前，我们需要认清"我"是谁，我们需要问问自己，顾客价值在哪里？目前市场中的机会在哪里？我的合作伙伴在哪里？

对于第一个问题，我们已经知道顾客价值是企业在市场中的立足点，只有找准了顾客价值，才算找到了发展方向。我们必须坚守基本原则——为顾客创造价值，只有找到对于顾客而言有创新意义且有价值的产品或服务，才能进行业务的开展。

对于第二个问题，能否找准市场机会决定了业务的开展是否具有可行性。我们必须把握住当前的市场机遇，例如宏观环境形成的产业机遇：产业红利、政策红利、逆周期红利等；以及产业链协同形成的产业机遇等。总而言之，我们找准了要为顾客做什么之后，还需要确认这件事是不是大势所趋，可行性有多大。

对于第三个问题，能否找到合作伙伴决定了我们的业务开展能否更加高效，因此，我们需要围绕相同的顾客价值，寻找与自己志同道合的"战友"。要想找到合作伙伴，我们需要对自己在产业链的位置有清晰的认知，并对当前产业链、产业链中的其他企业也进行详尽的了解。

● **认清"我"和伙伴的关系**

我们在找准了方向之后，下一步关心如何提升效率，组织边界突破回答的正是如何降本增效的问题。了解了合作伙伴在哪之后，我们的下一步就是主动寻求组织边界突破的机会，与伙伴达成合作关系，实现"1+1＞2"。但在此之前，我们需要认清"我"和伙伴的关系，具体来讲，我们也需要回答三个问题：自己所处行业中的其他企业的需求是什么？他们为什么愿意跟自己合作？自己该如何才能满足他们的诉求？

对于第一个问题，我们需要知道，不同企业、组织跟自己合作，它们各自想要的价值点是不一样的，所以我们首先要搞清楚对方想要的是什么，要站在合作伙伴的角度去思考问题，养成利他与共生思维。

对于第二个问题，合作之所以能够实现，一定是合作的双方各自具备独特的优势，各自的优势通过互补、融合，能产生更大的效益和增值，从而拥有增量市场。因此，我们在寻求合作时，一定要突出自身的优势，强调自己能为别人带来什么。

对于第三个问题，我们的落脚点在于"如何满足"上，即合作方式的设计，如何通过自身的优势真正实现对方想要的成果。

总而言之，在开拓期，企业需关注两件事：找准方向、提升效率。企业只有在找准顾客价值的同时，通过组织边界突破实现降本增效，才能使企业能够得到良好的运营，不偏不倚地稳步发展。

5.1.2　成长期：价值拓展者（E+ABC）

在第二条路径价值拓展者（E+ABC）（图 5-3）中，我们强调企业在度过开拓期，逐步实现了顾客价值主张（A）与组织边界突破（B）之后，应当在接下来的成长期聚焦顾客价值创新（C），以寻求进一步的增长。

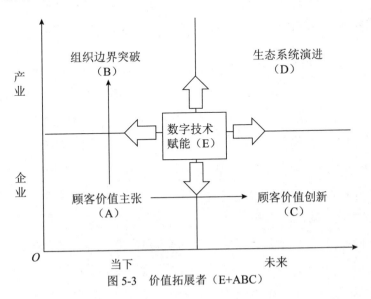

图 5-3　价值拓展者（E+ABC）

这条路径体现的是对顾客价值的巩固与拓展，追求企业长远的发展，这就要求企业以顾客为中心，为顾客创造长期价值，真正围绕顾客做有价值的事情，不断进行价值创新。这就包括了充分满足顾客现有的需求，以及为顾客创造新的需求，即我们之前提到的第二曲线创新，如何实现呢？这就需要不断深化企业与顾客群之间的关系，并开辟数字技术赋能新增长极，例如我们第4章提到的私域运营。除此之外，企业在成长期开辟第二曲线时还需要特别关注以下两点：

● 围绕同一个顾客群，进行关联品类的延伸

我们都知道，品牌是一个企业的灵魂，而品牌是由业务驱动的。一个业务是否成功、产品是否畅销，在很大程度上能够决定品牌是否具有影响力。而品牌的背后一定是一群相对忠诚的顾客群。这个群体因为长期消费该品牌，就会对品牌产生信任和偏好。

因此，在拓展第二曲线时，如果企业基于这些既有的顾客资源，进行关联品类的延伸、新业务的扩展，那么顾客就很有可能习惯性地接受新产品、新服务，因为这是信任的转移。所以我们强调，发展第二曲线，一定是要围绕原有顾客群，不断深化顾客关系的。

● 围绕同一个顾客群，进行核心技术能力的创新

度过开拓期后，企业一个产品的成功，既带来了一个相对忠诚的顾客群，也会带来至少一项核心技术能力。而在成长期，为了使企业得到进一步的发展，就必须加强自身的核心技术能力的创新。

企业需要不断创新，超越自己，提高竞争门槛。例如吉列剃须刀，每隔两三年就推出"新概念"剃须刀更替老产品，从双层刀片剃须刀、可调节双层刀片剃须刀、减震剃须刀，再到三层刀片剃须刀。这种不断创新前进的企业，让竞争对手难以瞄准和攻击。

此外，这种创新要符合"定位"，符合原有的顾客价值主张，如：沃尔沃不断创新"安全"特性，比如提供侧面气囊，这加强了消费者对"安全"的认知；但如果沃尔沃生产跑车，那样就与沃尔沃原有的定位产生偏离，创新的效果也就有可能大打折扣。

5.1.3　成熟期：生态联盟构建者（E+ABCD）

当企业度过成长期，按照 E+ABC 的战略路径顺利发展壮大，成为价值拓展者之后，应当以构建生态系统为目标，努力成为生态联盟构建者（E+ABCD）（图 5-4），真正实现长远而可持续的发展。我们强调过，在数字经济时代，企业之间的关系，早已由竞争转为竞合，加入生态，是每个企业的必选项，而不是可选项，因为你要么"做生态"，要么"被生态"。因此，当企业已经逐渐发展壮大起来，业务方向找准了、降本增效实现了、价值曲线增加了之后，企业便步入了成熟期，在这一时期，企业应当致力于成为生态联盟的构建者。

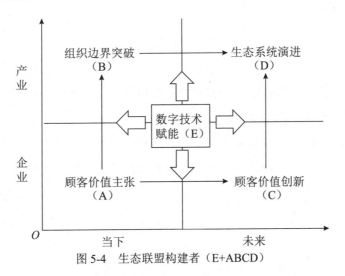

图 5-4　生态联盟构建者（E+ABCD）

在成熟期，企业的重心应当由自己转向合作伙伴，只有与合作伙伴一同构建生态，才能走得更远。越是以自我为中心，越无法成为中心；越想成为生态组织者，越无法成为生态组织者；越是能够为他人赋能的企业，越能成为生态的真正组织者。因此，要想成为生态联盟的构建者，最重要的是赋能他人。为此，企业需要思考以下两个方面的问题。

● 该赋能谁

赋能原有生态伙伴：对于原有的生态伙伴来说，企业需要建立与它们的长期合作关系，并进一步打通企业边界，使得能力、数据、资源在生态系统中畅通无阻地流通，与它们进行长期的合作交流。

赋能新进入者：帮助别人成功，别人才会帮助你成功。对于新进入者来说，企业需要帮助他们完成从 0 到 1 的突破，实现成功的经营，为其发展铺垫道路。

赋能竞争对手：实际上，这里的赋能更倾向于协同，比如零售业的两家企业互为竞争对手，但它们可以做采购协同、营销协同等。企业需要运用自己的核心能力，实现"化敌为友"，与竞争对手通过协同实现互惠互利。

● 如何赋能

回顾第 4 章生态演进部分的内容，我们知道，一个生态系统的关键要素包括四个方面：核心角色、无边界化、共同进化以及价值共创。因此，在如何赋能上，我们同样需要基于这四个方面来进行。为了实现更好的赋能、合作与协同，我们需要关注以下要点：

首先，赋能一定是双向的，一方面，核心角色企业可以增强其他伙伴价值创造的效率和有效性；另一方面，核心角色企业之外的参与成员同样需要基于自身的远见与实力自发地付出努力、进行创新，这可以增强核心角色企业的技术实力，甚至可以帮助核心企业实现全新的价值主张、进入全新的价值创造空间。

其次，要注重生态联盟的无边界化，使其成为一个围绕着相同顾客价值，能够实现无缝交流、无缝合作的有机体。我们需要知道，在数字经济时代，离开合作，任何组织都无法独立生存，只有不同的组织联合起来，才能共同为顾客创造价值，而为了实现良好的连接，必须实现无边界化。

最后，我们还需要设计合理的价值共创规则、机制。只有把做蛋糕、分蛋糕的规则与机制设计好了，生态系统里的成员对自己的责任和收益才能了然于心，它们才能知道，跟你合作，自己能得到什么样的收益，比起跟别人合作，跟你合作的好处体现在哪些地方。

5.2 解码华为的战略路径

华为创立于 1987 年，是全球领先的 ICT（信息与通信）基础设施和智能终端提供商。目前华为业务遍及 170 多个国家和地区，服务全球 30 多亿人口。

华为聚焦 ICT 基础设施和智能终端领域，坚持开放式合作与创新，从维护全球标准统一、建设产业生态联盟、拥抱全球化开源、推进关键技术创新等方面着手，聚合、共建、共享全产业要素，携手各行业、各领域的产业和生态伙伴共同构建全球开放生态，推动 ICT 产业的健康发展。

华为致力于把数字世界带入每个人、每个家庭、每个组织，构建万物互联的智能世界：让无处不在的联接，成为人人平等的权利，成为智能世界的前提和基础；为世界提供最强算力，让云无处不在，让智能无所不及；所有的行业和组织，因强大的数字平台而变得敏捷、高效、生机勃勃；通过 AI 重新定义体验，让消费者在家居、出行、办公、影音娱乐、运动健康等全场景获得极致的个性化智慧体验。

华为的成功值得每一个企业学习，纵观华为的发展历程，我们发现华为的战略路径蕴含着战略重构框架中的诸多关键要素，下面我们将详细介绍华为如何从卓越运营者，发展为价值拓展者，最后成为生态联盟构建者。

5.2.1 华为如何成为卓越运营者

华为是如何实现顾客价值主张、打破组织边界，从而成为卓越运营者的呢？

（1）顾客价值主张：准确的需求洞察 + 良好的服务体验

对于顾客价值而言，华为的做法分为两点。第一点：通过数据驱动，深入洞察用户真实需求，从而实现精准决策；第二点：通过数字技术的运用，满足客户多方位的需求，提供良好的客户体验。华为始终将顾客的体验放在第一位。工业时代的要求是什么？产品的质量更好、产量更大。数字经济时代呢？在华为看来，当今更重要的是你能不能积极响应不断变化的用户需求，以及给用户更好的体验。

① Mate 手机销售案例：数据驱动需求洞察，助力精准决策。

我们以华为的 C 端业务——手机为例，来看华为如何走 E+AB 这一条路径。起初，华为在手机业务上的数字化水平是不高的，华为在 Mate 手机的销售上，就曾经因为没有充分了解用户的真实需求而栽了跟头。2013 年 Mate 1 上市，华为当时预测手机产量全靠拍脑袋，认为 Mate 1 的用户需求非常大，生产了 100 万台，结果，Mate 1 整个生命周期只卖了 20 万台，公司损失巨大，最后只能大量清库存。有了这次教训之后，到了 Mate 7 发售时，华为基于前几代产品的销售经验，十分谨慎地提前做计划，人工层层上报统计，规划了不到 100 万台。结果整个销售周期销售了 600 多万台。这都是由于没有数据支撑，或者数据太少、数据有误造成的用户需求的误判。

因为有了这些教训，华为构建起了全渠道零售系统，不仅能实时看到出货量，准确知道每天交付到消费者手中多少台手机，还能知道消费者激活使用了多少台。根据这个激活的趋势，结合营销活动数据，能准确预测某一个销售周期需要多少货。同时，华为在产品的设计、开发等方面，同样是基于严谨的数据观测。比如，分析消费者购买华为手机的偏好，小批量投放市场看用户的喜好，通过这些行为数据的分析，制定出更符合消费者偏好的手机颜色、外观、功能等，更好地满足用户需求。

② 手机售后服务案例：数字技术应用为顾客带来更好的服务。

在深入洞察顾客需求，将满足顾客价值的产品交付给顾客之后，我们往往还需关注顾客的售后体验，而体验正是华为最为看重的一环。华为的手机售后是如何做的呢？

一般手机坏了之后，大家通常都会找有维修资质的门店去修。但门店一般只能解决小问题，如果遇到某些棘手的情况，它就会跟客户协商说把手机送回工厂检修，然后先给客户提供一个备用机，这种做法对客户来讲体验是很不好的。在看到下游门店的这种情况后，华为就开发了一个手机维修 App。门店只要把手机的故障信息传到 App 上，系统就会自动推荐这种故障属于什么问题，应该怎样维修。如果有疑难问题解决不了的，华为的工程师会现场对门店的维修人员进行指导，给出合理的维修方案，这样一来，就大大提高了整个售后维修的质量水平，消费者的体验也就跟着提升了。

这个手机维修应用系统，不只给华为自己的手机工厂提供了市场反馈，还给下游门店提供了手机维修业务的解决方案，同时也让消费者享受到了系统带来的更快更好的售后服务。

（2）组织边界突破：数字技术赋能实现高效协同与合作

在深入洞察顾客需求，给予顾客良好的体验之后，如何进一步降本增效，实现卓越的运营呢？华为的做法是积极扩大自身组织可能性边界，在生产、研发等环节充分实现与供应链上中下游及合作伙伴之间的信息交互与融合，实现效率的大幅提高。

数据底座助力生产协同，共同把关产品质量

华为曾经遇到过一次非常严重的产品质量事故，在生产过程中有一批手机开不了机。事后分析发现，这是因为某个供应商提供的一种物料有问题。暂且不谈这件事造成的损失，只看这种事后管理的生产模式，就显得非常被动。为什么会发生这次事故呢？一个重要的原因就在于华为没有把供应商器件的质量信息提前接进到生产系统里，换句话说，华为与供应商之间的"边界"没有被打破。

后来，华为和供应商一起合作，打通了物料的质量信息，构建了一个数据底座，华为不仅能知道某个物料属于哪个供应商，还能知道生产批次、产品序列号、生产日期、关键的生产过程参数等等。再配合管理模式改进，从此避免了产品批量出现质量事故的问题。

更进一步地，华为还通过数据底座实现了与供应商的智能化协同，真正确保了无缝合作。华为搭建了一个能实时监控物料质量的算法系统，实时接入了供应商的生产测试数据。这样一来，华为工厂在物料刚生产出来的时候就能知道它是不是有问题，如果有，还能知道哪个工序、哪台设备、哪个人、在哪个环节出了问题，自动通知供应商去处理，华为也就大大地提升生产环节的效率，并且避免了无谓的成本。

总而言之，在 E+AB 这条战略路径中，华为充分地运用了数字技术赋能 E 的作用，通过数据驱动，准确地洞察出了顾客需求，并不断改善体验，最大程度地创造顾客价值，并通过与产业链中的合作伙伴进行信息融合、贯通、智能化协作，实现边界突破，进一步降本增效，最终成为其关键业务的卓越运营者。

5.2.2 华为如何成为价值拓展者

华为在自身的发展历程中，一直在持续地进行第二曲线创新。华为的愿景是丰富人们的沟通和生活，使命是聚焦客户关注的挑战和压力，提供有竞争力的服务，持续为客户创造最大价值。经过多年的经营与实践，华为不断为客户带来新的产品与服务，实现了自己的愿景，并且坚守住了自己的使命。

纵观华为 C 端业务的发展历程，我们可以找出四条华为发展得比较成熟的曲线（见图 5-5）：华为的第一曲线是手机业务，包括 Mate、荣耀等系列；到了第二曲线，华为开始关注同一批手机用户的其他需求，向消费者提供平板电脑、可穿戴设备、路由器等产品；第三条曲线，是华为基于鸿蒙系统打造的智能家居生态，包括智能音箱、智能中控屏、智能生活 App 等；第四条曲线则是华为最新的动向——智能汽车，在这条曲线中华为不造车，而是提供造车的"方案"。

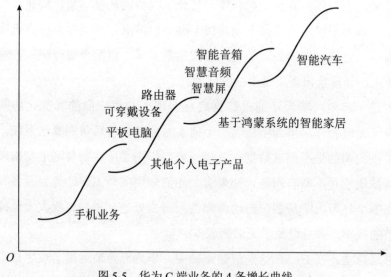

图 5-5　华为 C 端业务的 4 条增长曲线

华为是如何一次又一次成功地开辟出新的增长曲线的呢？我们依次来看。

（1）手机业务：围绕顾客多元需求，不断迭代创新

华为手机业务属于华为消费者业务部，它是华为公司三大基础业务之一；它的起步并不是很早，开始于 2003 年。在中国市场，华为 2009 年才开始推出安卓系统的手机。

华为刚开始做手机业务的时候，是从中低端做起的。当时华为手机主要都是集中在一千元左右的智能机，后来华为经过不断的提升和颠覆性的创新，从消费者需求入手进行细致的分析，逐步推出了荣耀系列中端手机、P 系列中高端手机和 Mate 系列高端手机。

荣耀系列、P 系列、Mate 系列这三款手机，每款都至少有一个主要的卖点。比如荣耀手机主打性价比、年轻化，P 系列手机是摄影的强悍工具，Mate 系列手机是国产高端商务机性能和制造工艺的标杆。

华为正是通过对消费者的深入洞察，不断推出满足相关需求的手机，使得每款手机在使用体验和用户口碑上都非常不错。可以说，手机业务为华为的迅猛发展奠定了原始的基础。

（2）智能家居：围绕场景为用户创造全新价值

在手机业务发展壮大之后，华为是如何开辟出第二条曲线的呢？答案是围绕原有的用户，通过创新场景，为用户创造新的需求。华为致力于把数字世界带入每个人、每个家庭、每个组织，构建万物互联的世界。而家庭是华为绕不过的关键一环，华为通过重塑居家生活场景，为用户带来了全新的体验。

场景与需求相伴相生，需求从来无法脱离于场景存在，而新的需求又会创造出新的场景。因此，我们可以围绕场景来进行新的产品与服务的设计，包括两个步骤：观察"客观场景"——我们观察客观真实情况，用户在什么样场景下产生了需求。设计"目标场景"——我们设计出新的场景，用户在什么样场景下满足了需求。

华为首先从客观场景中挖掘用户需求，经过深入的调研，华为发现用户以往的居家生活是不够便利与舒适的，更谈不上数字化、智能化。那么，为了使

用户感觉到更加便利、舒适、智能，华为在了解需求的基础上构建了目标场景。

比如智慧客厅，客厅是家人在一起活动最多的地方，也是增进家庭成员感情的地方，所以客厅一定要给人温暖、舒适、安心的感觉。因此，华为设想智慧客厅可实现的智能场景，比如通过 AI 音响与氛围灯带实现休息放松场景、会客场景、聚会场景、节日生日氛围场景、用餐场景等。

再如智慧卧室场景，卧室是家里最轻松、私密的场所，通过灯光照明、环境调节、健康监测等，给人温馨、轻松、舒适、没有压力的感觉。华为设想智慧卧室可实现的智能场景，如睡觉模式：入睡前，通过智能控制，除起夜灯外，所有灯光全部关闭，窗帘缓缓关闭。通过温湿度传感器，设置最适宜睡眠的温度及最佳睡眠湿度。再如起床模式：早上七点，窗帘自动打开，音箱自动播放音乐，空调加湿器自动关闭，一天美好生活开始。

构建出这些目标场景之后，华为便可以结合自身的资源以及能力推出产品 / 解决方案来实现目标场景了。例如华为于 2022 年 3 月推出的全屋智能 2.0 方案，实现了交互革新，为用户带来了全新的居家生活场景。通过该方案，华为使用鸿蒙系统将设备无缝连接，构筑强大的全屋智能生态，为用户创造全新的价值，将重构未来智慧生活新高度。

（3）智能汽车：做智能汽车解决方案提供商

我们再看华为最新的增长曲线——智能汽车。仍有许多人不明白，华为为什么要发展智能汽车呢？我们之前提到，华为致力于把数字世界带入每个人、每个家庭，而对于家庭而言，智慧出行是未来的趋势。事实上，华为在智能汽车领域的布局并非临时起意。早在 2013 年，华为就开始布局智能汽车领域，中间也一直跟各大车企有合作。不过从 2019 年开始，华为迫于外部现实压力，其在智能汽车领域的布局明显提速。那么，华为凭什么能开启智能汽车这条增长曲线呢？

首先，华为具有数字技术支撑的软硬件一体化能力，讲到智能汽车，就不得不提自动驾驶。自动驾驶作为智能电动汽车的终极形态，这是最考验软硬件能力的。从芯片制造，到算法提升，再到系统建立和软件适配，没有哪一个环节离得开实打实的技术积累。然而，像百度和谷歌这样的企业，虽然软件实力过硬，但硬件功底确实不如华为扎实，因此，在软硬件结合能力方面，华为已经领先一步。

其次，华为具有高度成熟的数字化供应链管理能力，汽车作为复杂工业品，其供应链的复杂程度跟智能手机行业不相上下，而华为在手机、通信设备供应链上积累的数字化经验和流程是完全可以移植到造车上的。

最后，我们看一看华为是如何造车的，华为决定造车，并不是采用传统的汽车生产方式，而是采用数字经济时代的服务提供方式，"帮助"企业造车，提供解决方案。例如华为是智能生态供应商：利用华为 HiCar 协助车企构建智能化驾驶生态；华为也是智能化的整体方案供应商：利用华为 DriveOne 三合一电驱动系统、无线车载模块，车载影音系统和 HMS、HiCar 等软硬件上的全面合作。用华为自己的话说，就是一辆智能电动车汽车除了底盘、轮子、外壳和座椅，剩下的都是华为所能提供的技术。

通过对华为以上业务的分析，我们可以看出，华为之所以能不断开辟新的增长曲线，得益于它对顾客价值的不断挖掘与拓展，从用户的通信需求，到居家需求，再到出行需求，华为不断地颠覆顾客的想象，一次又一次地为用户带来惊喜。同时，我们也不难发现，华为之所以能成功开辟第二曲线，靠的还有它背后高度成熟的数字能力，例如手机业务的开展离不开华为大数据分析的运用，智能家居、智能汽车业务的开展离不开鸿蒙系统的赋能。数字能力就像一个源源不断地为企业提供能量的发动机，驱动着华为向新的领域迈进，使华为成为不断进行自我突破的价值拓展者。

5.2.3　华为如何成为生态联盟构建者

我们结合生态系统演进的四个关键要素，看看华为是如何成为生态联盟构建者的。

首先，华为作为核心角色，赋能生态系统的合作伙伴，并与合作伙伴一同实现共同进化。

● 通过云底座实现经验沉淀、价值分享

在帮助生态伙伴数字化转型的过程中，华为与合作伙伴之间面临着行业经验依赖个人，难以复制、伙伴开发者无法快速获取行业经验、创新重复造轮子等问题。

为解决这个问题，华为提出了与伙伴一起，共同打造云底座的策略。华为认为，在数字化转型的浪潮下，不管企业规模是大还是小，云都是一个基本的底座，而这个底座，需要靠华为和伙伴共同建立。

对于华为来说，华为将过去 30 多年来的数字化转型经验沉淀到华为云上，合作伙伴借助华为云，可以实现对华为能力的随取随用，比如华为内部的企业协同办公系统 Welink，就已经沉淀到了华为的云上。对于合作伙伴来说，华为希望广大的生态伙伴也能将自身的能力沉淀到云上，实现与华为以及其他合作伙伴的能力共享。

除了能力共享，华为还希望将云底座发展为一个更广义的价值分享平台，例如，截至 2020 年年初，华为云有 300 多万用户，这 300 多万用户是一笔巨大的财富，可以帮助其他的生态伙伴快速获客，或实现商业变现。因此，华为愿意将各种资源在平台上进行分享，以让伙伴在这个平台上愿意分享，也有所收获，由此实现与华为的共同进化。

其次，华为通过数字技术赋能，使生态系统无边界化，实现各成员间高效畅通的合作。

● **打造数字研发平台，实现合作伙伴间无边界研发**

华为的研发是依托其生态系统中的各个合作伙伴来进行的，为了实现最高效的研发，华为构建了一个数字研发平台——HDP，打破了自身与合作伙伴之间的边界，实现研发过程实时呈现、研发变动实时调整。

研发过程实时呈现：例如研发人员接到需求，要做一部手机。他就会从供应商那里采购关于这个手机的各种器件，比如一个电池。当供应商提供这个电池的时候，研发人员会要求供应商提供这个电池的所有信息，比如尺寸、功率等。当采集到所有器件的数字化信息之后，研发人员就开始设计产品、组装器件，设计过程中的产品可以同步以 3D 的数字化方式呈现出来。而且这个 3D 模型和最终产品生产出来的样子分毫不差。整个链条上的人，比如制造人员、销售人员、客户，在合适的阶段都能看到产品的实时状态。

这就是所谓的"数据同源，产生即发布"。

研发变动实时调整：比如电池的尺寸被供应商修改了 0.01 毫米的尺寸。他只要一改，研发这边，不管是硬件设计的人员，还是工艺制造的人员，都能立即知道。他们就能根据这个修改，看其他哪个器件会受影响，再进行调整。这在以前，或者在其他公司，整个项目可能就得推倒重来。而现在，华为可以做到立即调整。

有了 HDP 这个数字化的研发平台，华为的研发网络才能覆盖到产业链中的各方，使信息、资源、构想及能量快捷便利地在各成员之间流动，真正实现无边界化。

最后，华为注重价值共创的规则与机制，以实现同合作伙伴最有效地创造价值。

● 通过良好的供应商管理，保障价值共创的实现

华为非常注重与合作伙伴共创价值的规则与机制，例如华为的供应商管理，会从两个方面进行考量。

① 选择最好的供应商。华为制定了完善的供应商选择方案，比如专门的供应商选择团队：负责供应商选择的主体部门是采购部各物料专家团；采购集中控制：华为规定采购是公司内部唯一授权向供应商做出资金承诺，获得物品或服务的组织。除此以外的任何承诺都视为绕过行为，视为对公司政策的违背。还包括供应商反馈办公室：如果供应商在与华为的交往中有任何不满意的地方，有专门的帮助中心负责收集供应商的反馈和投诉。

② 评定公平价值。华为采购部制定了供应商评估流程，定期向供应商提供反馈。该流程包括相关专家团正式的绩效评估。供应商的绩效将从技术、质量、响应、交货、成本和合同条款履行这几个关键方面进行评估。评估流程的目的在于给双方提供开放沟通的渠道，以提升彼此的关系。同时，华为鼓励供应商向华为反馈，站在客户的角度他们如何评价华为。

由此可见，华为十分注重合作机制与规范。实际上，我们可以将华为价值共创的关键归纳为以下三点：以利益为纽带、以诚信为基础、以规则为保障。

第一，利益是连接华为与伙伴的纽带。伙伴能赚到钱，才会长期与华为合作。华为的责任与利益边界要清晰、明确、可衡量、可管理，这样才能实现可持续的双赢。

第二，诚信是伙伴愿意与华为合作的基础。但诚信不能只靠说教，更不能只停留在口头，华为的诚信就是说到做到、严守规则，绝不轻诺寡信。

第三，规则是实现利益、坚守诚信的保障。华为从制度执行的流程化、IT 化，建立有效监督机制以及优化员工考核牵引等方面，大胆做出改进，与伙伴更好地实现价值共创。

正是华为对价值共创规则与机制的重视，才使得它与合作伙伴之间的合作能够高效、有序地开展。

共建生态，融入生态是必由之路。华为在发展的过程中不断地积蓄着力量，最终成了生态联盟的领导者，华为以开放、互助的心态，与其他生态伙伴无边界化地连接、合作，为其他企业持续进行赋能，与其他企业共同进化、共同成长、共同创造价值，为了更加智能、更加美好的未来而努力。

5.3　解码小米的战略路径

北京小米科技有限责任公司成立于 2010 年 4 月，是一家以智能手机、智能硬件和 IoT 平台为核心的互联网公司。"让每个人都能享受科技的乐趣"是小米公司的愿景，小米公司一直使用互联网模式开发设计产品，并将其总结为七字诀——"专注、极致、口碑、快"。

如今小米的业务遍及全球 80 多个国家和地区。初期产品以 MIUI 手机操作系统、小米手机、米聊软件为三大核心业务。通过近年的发展已经转型为一家专注于智能手机、互联网电视以及智能家居生态链建设的创新型科技企业。小米通过生态共建的方式参股了 400 多家公司，将物联网能力带入到众多生活领域，建成了全球最大的消费类物联网（IoT）平台，连接超亿台智能设备。

可以说小米一直是一家走在转型前沿的明星企业，专注于核心能力建设的同时，也在不断延伸业务边界。下面我们对小米的战略路径进行系统的回顾。

● **企业发展关键历程**

1992 年，雷军加入金山，开发出的金山影音和金山词霸风靡一时。成为金山总裁后，他组织重写了金山 WPS 办公软件、推出了"金山毒霸"、游戏"剑网"等口碑产品。随着互联网风口渐起，雷军凭借极具前瞻性的目光，还先后投资了卓越网、UC 浏览器、凡客诚品等。

2007 年，金山上市。在金山上市后雷军却选择了"退休"。辞职 3 年后，2010 年雷军和几个合伙人成立了小米。

2011 年 8 月，小米推出了第一代手机：小米 1，仅仅在发布第一天，预订量就达到了 30 万台，最终销售 700 多万台。小米以其高配置、高性能、低价格的卖点吸引了广大用户的视线，并收获了第一批会预购的坚定"米粉"。

2013 年，小米做出了先声夺人的超前计划，开启生态链投资，通过投资极具潜力的智能产品企业，让小米的智能产品矩阵得到了迅速扩充。其旗下产品除智能手机外，还涵盖了智能电视、小米手环、平板电脑、空气净化器等多种智能化电子产品。其直接或间接控股的公司多达近 400 家，产品领域横跨智能硬件、教育医疗、游戏社交、生活用品、文化娱乐、汽车交通、金融业等多个领域，且目前还保有进军智能汽车行业的雄伟计划。

2016 年，小米之家由服务店转型零售店，开始拓展线下市场，而短短两年后的 2018 年，全国范围内的小米之家数量就突破了 300 家。

2018 年是小米的大事之年，这一年，小米赴港 IPO 上市，开启了自身发展的新旅程。

2019 年，小米首次列席世界 500 强企业，排名第 468 位，成为世界上最年轻的 500 强公司，营业收入首次超过 2 000 亿元。

2021 年 8 月，《财富》发布了 2021 年世界 500 强名单，小米位列第 338 位，较第一年上榜的 468 位大幅提升 130 位。全球智能手机市场，小米独占 14.1% 的市场份额，排名第三，仅次于龙头企业苹果（17.4%）和三星，足证其发展速度之惊人。

同样是手机厂商，曾经的巨头摩托罗拉黯然退场，小米作为刚起步的"新生儿"却迅猛发展。商场不比小说，没有谁能无限开挂，小米如何一次次抓住机遇，勇闯数字化风口，这些战略布局值得每一个处在数字化转型瓶颈的企业学习借鉴。

5.3.1 小米如何成为卓越运营者

2010 年，尚属开拓期的小米在雷军的带领下成功找到了属于自己的赛道。成立之初，小米团队就囊括了来自当时梦之队——硬件最强的摩托罗拉、软件最好的微软公司、互联网见长的谷歌公司——的精英人才。有人擅长供应链管理，有人了解用户运营，有人专注软件生态，这样全面而精简的团队，软硬结合，各司其职，让小米可以多方位把握用户痛点，为其系统整合及协同思维奠定了坚实基础。

● **顾客价值主张：聚焦四类顾客价值，打造极致用户体验**

（1）经济价值：极致性价比

小米手机的底层逻辑，是"性价比、品质、效率"三者的完美结合。凭借高性能、高配置、低价格的产品特性，小米迅速打入手机市场，直击用户内心，收获了第一批会坚定回购产品的"米粉"。性价比并不是纯粹的打价格战，谁低谁赢，而是兼具性能与品质，属于价值维度的考量。借助自身强悍的研发实力和成千上万"米粉"的支持，小米手机硬件搭载自研操作系统 MIUI，一度成为国内最热门、系统最流畅的手机品牌之一。

高质量的产品不仅能让用户买得放心，也可以降低返修成本。同时，小米是全球第一家线上主力渠道发售的手机品牌，无形中减少了门店的费用损耗。二者体现在产品线上，同品类的产品小米可以给出更优惠的价格，更好的质量，极高的性价比，全面满足顾客在价格和品质方面的需求。

（2）功能价值：为发烧而生

手机是小米的核心业务，"为发烧而生"是其不变的产品理念。自诞生以来，小米就致力于为用户提供性能最强劲的产品。硬件方面，小米手机以工艺要求高且精湛闻名业界，以耐用高品质深得用户喜爱。其基础功能是通话，随着硬件的提升和 5G 网络的应用兴起，手机逐渐升级移动接入、物联网控制、拍照等多合一的终端，具备了更加完善丰富的功能。软件方面，MIUI（米柚）是小米科技旗下基于 Android 开发的手机操作系统。专为中国人习惯设计，全面改进原生体验，提供绿色、干净的 ROM 空间，不会集成其他繁杂的第三方应用软件，能够带给国内用户更简单、更贴心的 Android 智能手机体验。最新的 MIUI 13 系统在前一版的基础上，提升了系统稳定性，优化了流畅度，强化了用户隐私保护能力，美化了系统设计，实现了更加强大的系统功能配置。

2010 年 8 月 16 日，MIUI V0.8.16 正式在 MIUI 论坛发布，广泛征集用户建议。MIUI 论坛的存在让小米可以直接与用户沟通，垂直吸纳用户建议，对产品进行优化升级，为米粉们提供更人性化、更便捷、体验感更好的手机系统。遵循"满足 80% 用户的 80% 需求"的产品原则，致力于核心技术开发，强化大数据、芯片、AI 等基础技术，充分体现了小米以顾客价值为导向的功能完善。

（3）心理价值：建立"米粉"文化

2012 年，小米开始在小米社区铺设虚拟品牌社区体验营销模式，这种运作模式也是初代 MIUI 系统鼓励用户参与内测的延伸。截至 2014 年，小米社区成员已经突破 3 000 万名，累计发帖数量破 2 亿条。通过论坛发帖的方式征集粉丝建议，这种众包创新模式效果显著。小米借助平台聚集起大量"米粉"，鼓励用户对产品各抒己见，并针对用户提出的需求和建议给予快速响应，及时改进产品不断调整修缮。

日常浏览使用小米社区的"米粉"对自己的身份多了一层品牌粉丝认同，社区用户的交流讨论给粉丝带来的不仅是产品的答疑解惑，更是良好的顾客体验，进一步强化了粉丝的群体归属感和对品牌的认同感，极大提升了小米的用户黏性。据分析公司 Counterpoint Research 的数据显示，2022 年第一季度，小米的全球智能手机用户量突破 5 亿名，创下了全新的用户纪录。

与此同时，小米在产品外观设计上持续发力，邀请业界顶级设计师 Philippe Starck 设计 MIX 手机，先声夺人，吸引追求时尚外形的新一代年轻人，满足他们对炫酷外形的心理需求。

（4）社会价值：做有温度的企业

2010 年成立至今，小米始终重视品牌建设，强调有温度、有个性的品牌形象，坚持"感动人心、价格厚道"的使命，积极承担社会责任。

2019 年，小米公益基金会注册成立，新冠疫情暴发时，小米积极发挥企业的供应链龙头作用，拉动上下游企业复工复产，小米集团、小米基金会及雷军个人，累计捐款捐物的价值高达 8 000 余万。

教育方面，小米设立了多项高校奖学金，先后进行了为西藏地区捐建图书馆，为公益学校提供免费创业讲座等多项公益活动；扶贫助残方面，小米开展了残障人士就业促进项目，为残障人士定制力所能及的就业岗位及工作内容，配套科学严谨的技能培训课程，帮助残障人士养家糊口，渡过难关。用户每一次选择小米产品，都是为这些善举的添砖加瓦。

2021 年 4 月，在小米基金会、小米社区的联合支持下，来自全国十二个城市的"米粉"在各地开展了各具特色的公益活动，真正让米粉借助小米平台实现了自己的社会价值。2021 年 11 月 30 日，小米公益平台正式上线，面向教育助学、紧急救灾、乡村振兴等慈善捐赠领域，提供安全合规、精准高效的公益平台服务，探索互联网慈善公益的新模式，助力中国慈善事业发展。

● 组织边界突破：通过"小米模式"聚集可靠的供应链伙伴

企业想要走得又快又稳，在开拓期需要做到的远不止找准顾客价值，这更是一个培育自身长板能力，筛选坚实合作伙伴，实现组织边界突破的黄金时期。业界将 C2B 预售模式、拉动式生产、销售渠道扁平化、轻资产模式和供应链快速响应，并称"小米模式"五大关键词。从这些名词中，我们可以非常清晰地看出小米延展了自己的长板能力——产品研发、设计等，寻找到了可靠的供应链合作伙伴，为组织边界突破乃至生态系统构建出了可持续发展的基础框架。下面我们来一一拆解。

（1）C2B 预售模式：客户需求集约化

小米采用的 C2B 预售模式中，用户必须首先预付钱款，小米根据用户需求快速响应，通知生产厂商按需生产，最终及时配送到消费者手中。这种模式能够集约化用户需求，精准把握市场需求，规避高库存风险。小米公司还可以在生产之前就收到货款，在供应链的资金流上得到保障，实现资金的快速回笼。

小米首款折叠屏手机 MIX FOLD，短短一分钟的时间内，卖出约 4 千万部，销售额突破 4 亿元。这样的销售奇迹离不开对用户需求的提前洞察，离不开用户提前预订为小米带来的对市场精准把控，这是 C2B 预售模式的一次成功探索。

（2）拉动式生产：规避产品滞销风险

拉动式生产以用户的订单拉动生产，以客户需求信息的集约化为生产提供指标，为供应链提供资金保障的同时，规避了产品滞销风险。其实现的关键因素是能够实现快速的信息传递，缩短提前期。由于提前期缩短，零售商的库存可以相应减少，系统的变动性减小，制造商面临的变动性相应减小。在一个拉动型的供应链中，系统的库存水平下降，进而提高了资源利用率。

（3）销售渠道扁平化：实现极致现价比

销售渠道的扁平化，帮助小米实现极致的性价比，以及敏捷供应链的构架。有些手机品牌会经过 2 层代理商后才到达零售商，例如经过国代和省代。而小米模式要么直达用户（小米商城和小米之家直营店），要么只经过零售商到达消费者，渠道层级扁平了 2 层，中间的利润全部让利给用户。

（4）轻资产模式：帮助小米聚焦研发和营销

轻资产模式可以帮助小米消除产品库存顾虑，专心聚焦于研发和营销等小米擅长的长板能力上。使得小米在日新月异的互联网科技行业中随时保持其产品先进性，更是强化了整个企业的创新意识，时刻保持关键项目有足够资源供应，从根本上提高企业的核心竞争力。其次，由于固定资产投入较少，流动资金较多，可以灵活调配资金，减少了由于固定资产投入而导致资金链断裂的风险，企业的经营更加稳定。

（5）供应链的快速响应：精简供应链，降本提效

小米手机的供应链条相较简短，只涉及研发组、供应商、代工工厂、核心企业、顾客几个环节。在供应链条上，小米手机减少了中间代理商和中间流转环节，形成了顾客与生产商直接相衔接的情况，减少中间的流转环节，

提升供应链的响应速度，降低企业的运营成本，有效提高盈利水平，也正是这个环节成为小米成功的最大因素。供应链快速响应让小米几乎可以百分百实现"零库存"供需关系，在接收到订单信息数据后，将数据传输给南京英华达和廊坊富士康这些供应链企业，在短短 2~3 周内就能够快速响应满足订单生产。

5.3.2　小米如何成为价值拓展者

伴随着小米的迅速发展，企业进入了成长期。手机作为有生命周期的产品，其 S 型曲线在突破极限最高点后会出现增长缓慢的现象，甚至呈现下降趋势。小米需要把握时机，找到合适的接续品类，及时拓展第二增长曲线，挖掘创新顾客价值，才能保证企业长期营收稳定。

● 同一顾客群的不同品类延伸：丰富的生态链产品

在公司的战略设计下，2013 年，小米提前开始了第二增长曲线布局——发展前景广阔的生态链产品。并于 2014 年启动了生态链战略，开设智能硬件生态链事业部，投资了近百家小而精悍的硬件方面的生态链公司。作为一个孵化器，围绕小米核心产品手机重点培育手机周边、智能硬件、生活产品等生态链创业公司，打造极简智能的生态链产品。需要指出的是，小米对生态链公司的投资并不控股，这样可以激发团队的积极性。截至 2018 年年初，小米投资的硬件生态链公司已接近 100 家，其中已经发布产品的企业达 30 家以上，16 家企业年收入超过 1 亿元，3 家收入超过 10 亿元，成功培育出 4 家估值超过 10 亿美元的"独角兽"——紫米、华米、智米、纳恩博。

这一系列产品在给小米带来巨大收益的同时，也让小米收获了大量忠实的品牌追随者。极致合理简约是小米生态链产品的设计风格，外表一贯纯白配色、形状规则合理、装饰简洁，充满年轻质感，增加用户接受度。打开小米官网，你可以看到众多设计简洁大方、通体纯白的生态链产品：米家体重秤、米家电饭煲、米家净水器、米家机器人等，甚至销量超过了主营手机。小米将制造手机的经典模式复刻，打造产品极致性价比，成功缔造生态链行业标杆。除了极简的外观之外，小米公司对其产品的性能也进行了升级和创新，消除了若干年以来传统产品的使用痛点，同时赋予产品智能化的魅力，小米将"满足 80% 用户的 80% 需求"的原则贯彻到底。

随着生态链终端设备的大获成功，小米的数字化战略迈入了全新的层次。截至 2022 年第一季度，小米 AIoT 平台已连接 IoT 设备 4.34 亿台，每一台终端设备都可以看作一个数据收集终端，它收集顾客的使用偏好，通过小米 AIoT 平台等数据收集入口将数据传送到小米数据中台，以便于提供更加符合顾客需要的服务，生产下一代性能优秀的全新生态链产品。

● 顾客价值持续创新的基石：小米数据中台

中台，是让企业可以快速响应前台业务灵活变化的组织结构，为业务创新提供稳定可靠的服务能力支撑，实现前台与后台的弹性适配。作为互联网公司，实现数字化互联互通是小米持续健康发展、保持自我更新的必由之路。伴随小米大数据部的成立，其数据中台的建设也正式拉开了帷幕。

依托数据生态建立的小米数据中台架构，主要具备四种功能：①小米数据中台重数字化决策，可以帮助企业实现商业智能化；②支持业务创新，有效提升数据使用效率；③集团内可以共享数据资产，避免重复建设数据烟囱；④降低数据存储、管理成本，加强数据安全合规能力，降低安全风险。

数据中台主体分为统一数据管理、统一用户画像和统一数据服务三层，分别负责数据的管理调度、数据价值萃取和提供数据解决方案。

● 数据驱动：统一数据管理

统一数据管理是数据中台最重要的底座。通过构建小米的统一数据体系，实现数据系统的构建自动化、分析智能化，提升小米数据价值和使用效率。

具体拆解为实现六个统一：

① 统一数据采集，即统一格式化、规范化，从数据采集阶段开始理解、打通业务。

② 统一数据建模，通过统一数据建模，降低数据管理和计算的复杂性，

提升数据使用效率。

③ 统一元数据管理，通过在数据间建立血缘，可以实现全景数据之间的联系。

④ 统一调度管理，即统一数据使用流程，建立有弹性、可依赖的公司级调度系统。

⑤ 统一权限管理，即统一的数据安全、隐私、权限管理，保障数据资产安全。

⑥ 统一 OLAP（联机分析处理），建立在大数据基础上的联机查询、分析处理系统，提升数据分析效率、降低分析成本。

● 信息融合：统一用户画像

统一用户画像是通过对用户的基础、设备、社交、业务标签收集分类，对地理位置、行为和兴趣的信息收集，实现了用户数据的价值萃取，通过对用户需求的准确探寻，推动实现业务增长创新。在统一用户画像的构建方面，分为数据、标签、服务、业务支持几个层次。首先要理清哪些数据可以刻画用户，然后构建基础、设备、位置、资产、行为、兴趣、社交、业务标签体系，通过用户画像平台，向外提供统一画像服务，实现对业务的赋能，如推动信息流用户增长、提升商业变现效率等。

● 智能迭代：统一数据服务

应用数字技术，实现数据概览、分析模型、自定义报表、用户分群、画像分析、运营对接等能力。通过数据整合建立适合小米业务的数据报表、分析、运营产品矩阵，提供统一的数据服务，主要包括数据概览、分析模型、自定义报表、用户分群、画像分析、运营对接，打造数据闭环，提供完整数据解决方案，全面实现数据对小米硬件、互联网、新零售等业务的赋能，同时实现赋能 Push（消息推送服务）平台、运营平台以及广告平台。

从底层架构数据源来看，小米的业务数据、销售数据、系统数据、日志数据及企业数据通过数据接口统一汇入数据中台，正是这些有效数据驱动了小米整个数据中台的运营，开始进行数据源往上三个层次的数据分析。从顶层数据赋能来看，数据中台处理过后的数据通过系统提供统一数据服务，实现数据价值，帮助小米实现数据驱动业务服务，加快商业变现效率，不断实现顾客价值创新。

5.3.3　小米如何成为生态联盟构建者

度过成长期的加速发展后，企业规模庞大，生态结构逐渐趋于稳定，进入了良性循环的成熟期。随着企业的不断发展壮大，小米的疆域远不止手机，而已经成为了生态链硬件、互联网服务和新零售诸多行业的领军者，为用户智能生活提供全方位服务的生态型公司——这是小米公司对于自己的全新定位。

● 核心角色：全屋智能物联领军者

在强大的技术能力和用户高度认可的支撑下，小米形成了以自己为核心的生态系统，是现阶段唯一一个具备打造全屋智能家电的智能品牌。未来将基于物联网体系，不断拓展品牌生态物联设备。

智能终端方面：数据调研机构 Counterpoint Research 公布了 2021 年 2 月份全球手机份额，小米以 13% 的市场占有率高居全球第三，位列中国手机厂家的第一名，仅手机业务就打入全球 73 个及以上的国家，在 16 个国家稳居手机 TOP5 地位。路由器位居全国第二，智能电视全球第十，中国第四。

生态链硬件方面：小米拥有全球最大的 IoT 平台，截至 2022 年第一季度，小米 AIoT 平台已连接 IoT 设备 4.78 亿台，米家 App 月活跃用户数高达 6 580 万名，可穿戴设备、移动电源数量全球第一，空气净化器、VR 设备、笔记本等均名列前茅。小米投资的硬件生态链公司近 100 家，成功培育出 4 家估值超过 10 亿美元的"独角兽"。

互联网服务方面：小米是非常重要的互联网服务提供商。2022 年 3 月，小米发布 Q1 财报，全球 MIUI 月活跃用户数达到 5.29 亿名，同比增长 1.04 亿名；中国大陆 MIUI 月活用户数连续 6 个季度环比递增，达到 1.36 亿名，创历史新高，用户黏性不断提升，为未来互联网业务的发展奠定坚实基础。

该季度，小米电视互联网用户规模也保持稳健增长，2022年3月，小米智能电视的月活跃用户数首次突破5 000万名。截至2022年3月31日，小米电视的付费用户达到550万名。

新零售方面：以线上模式起家的小米，2015年开始，在北京开启第一家线下体验店——小米之家。时隔6年的2021年，小米已经开了10 000家小米之家，全球市场超70个国家，线下店坪效业界第二，电商中国第四，创下了新零售奇迹。

小米的新零售是新思维、新模式、新工具的融合。新思维就是以电商的方式做线下，实现全链路数据化；新模式，首先是线上线下一定要做融合，打破线上线下的界限和信息差，其次一定要做销售和服务一体，到哪里买就到哪里修，最后，是用一套模式贯穿城市和农村下沉市场；新工具，就是零售通。

● 无边界化：打破供应商、小米、米粉边界

小米的商业模式，是我们都熟知的"铁人三项"：硬件、互联网、新零售，对应到无边界化理论中，就是打破供应商与小米、米粉与小米的边界，打通线上线下的销售渠道。

硬件板块有手机、电视、路由器、AI音响和外部的生态链智能硬件；互联网板块的业务包括了MIUI、互娱、云服务、金融、影业；新零售板块是小米从单纯的网商模式向线下结合发展的产物，包含小米商城、全网电商、小米之家、米家有品等。

硬件板块：供应商与小米以"顾客价值"为"壳"，包裹成为一体，以一个完整的产品形象一致对外，以给用户带来有效果、有质感、有层次的产品体验为目标，用优质低价的高颜值产品打动人心。

互联网板块：小米创新互联网营销模式，让用户通过参与感加强忠诚度，并进行自发传播。通过让用户参与到产品研发、服务、品牌、销售的全过程，建立一个可出品、可拥有，和用户共同成长的品牌。用这种方法模糊掉了品牌与用户之间的边界，让用户以"主人翁"意识忠诚品牌、传播品牌、输入创新建议。

小米将其归纳为"参与感三三法则"，有三个战略和三个战术。三个战略分别是：做爆品、做"粉丝"、做自媒体。三个战术：开放参与节点、设计互动方式、扩散口碑事件。

新零售板块：小米成立初期，正值移动互联网发展初期，雷军精准识别，小米抓住互联网红利。通过自建和在成熟电商平台开店，配合互联网营销，快速实现了目标用户的覆盖。2015 年后，纯线上模式告急，小米也创新升级线上线下结合的新零售模式，打破网络边界，通过打造围绕智能生活的年轻家庭场景体验店——小米之家，布局线下渠道。

小米之家线下体验店囊括了小米全部产品，包括手机 3C、智能电器、零部件、云服务等。通过产品展示、体验、咨询等来促进消费者购买，同时为了提高用户购物体验，主打开放式购物和一站式购买。

● 共同进化：资源赋能，产品协同

小米聚焦手机、电视、路由器、音响四类自主品牌，与生态链公司间形成了强大的"兄弟联盟"。二者共同设计研发，生态链组织供应链生产，小米提供部分供应链背书；生产完成，小米提供全部销售渠道；产品销售及推广过程中，小米与生态链企业共同进行营销推广，并提供经验与资源支持。而生态链公司则帮助小米突破单一产品型公司，转变为一个价值"千亿"的生态型公司。"兄弟联盟"彼此成就，实现小米价值观下的共同进化。

基础技术方面：小米通过自研或合作伙伴的 AI、大数据实现技术赋能，或赋能伙伴。

内容与服务方面：小米拿出 10 亿美元的内容基金投资了爱奇艺、优酷等内容类平台。

云平台方面：小米投资了金山和世纪互联，小米云做应用层，金山云承担中间层，世纪互联提供网络基础设施。

应用入口方面：小米有统一的米家、小米运动等"台柱子"App 入口。

开发者平台方面：小米有统一的 IoT 开发者平台。

统一协议方面：小米有统一的智能模块、网络控制路由器与连接协议。

● 价值共创：互联互通，合作共赢

小米的商业认知培育将小米的核心知识融入对生态链企业的选择中，小米平台的架构资源支持使新创企业具备了小米体量的资源；小米集聚的网络资源则进一步突破了小米平台自身资源的限制。

新创企业对整个系统的平台的反哺作用十分显著：对架构资源的反哺扩大了平台系统的核心，市场的开拓则扩大了平台生态系统的边界，两者共同促进了整个系统数量和质量的提升。

小米与生态链公司通过资金、资源上的合作，可以非常便捷地获取全场景数据、增加小米品牌的曝光度，从而提高营收与利润，且实现智能协同服务。

而生态链公司也可以通过与小米的数据互通实现引流、吸粉，在智能科技领域提高地位，增加企业营收等效果。双方互相敦促，共同进化，进而达成双赢，实现合作价值创新。

5.4　解码京东的战略路径

京东集团（JD.com），是中国自营式电商企业，由刘强东于 1998 年 6 月 18 日在北京中关村创立，是中国交易量最大的 B2C 在线零售商之一，也是《财富》"世界 500 强"企业的成员。

2004 年，京东正式涉足电商领域，以"技术为本，致力于更高效和可持续的世界"为使命，目标是成为全球最值得信赖的企业之一。京东将自己定位于"以供应链为基础的技术与服务企业"，目前业务已涉及零售、科技、物流、健康、保险、产发、海外和工业品等多个领域。2014 年 5 月，京东在美国纳斯达克正式挂牌上市，是中国第一个成功赴美上市的综合型电商平台。2021 年 8 月 2 日，《财富》杂志发布最新"世界 500 强"名单，京东集团由前一年的第 102 位迅速提升至第 59 位，发展速度十分可观。18 个年头，从一家纯电商发展为以供应链为基础的技术服务企业。

作为中国为数不多衔接消费互联网与工业互联网的新型实体企业，京东在研发、制造、物流等各项业务上全面推进，以扎实的实体企业基因和创新的数字技术能力发展经验，助力实体经济高质量发展，铸就产业链持续增长力。

● **企业发展关键历程**

1998 年 6 月，刘强东先生在中关村创业，中国自营式电商企业京东诞生了。

2004 年 1 月，伴随着京东多媒体网 jdlaser.com 的开通，京东正式进军电子商务。

2007 年，京东开始了自建物流体系战略布局。

2008 年 10 月，京东正式上线日用百货类商品，向综合型电商转型。

2010 年 12 月，京东开放平台，正式运营。

2013 年 10 月，京东金融开始独立运营，完成了金融业务的布局。

2014 年 3 月，京东与腾讯达成战略性合作开拓社交与电商结合全球全新模式。

2014 年 5 月，京东在美国纳斯达克上市，是首个在美国成功上市的大型综合类电子商务企业。

2016 年 7 月，京东首次入榜《财富》"全球 500 强"，是中国首家且唯一入选的互联网企业。

2017 年 4 月，京东物流集团正式成立，全面开放。

2018 年 11 月，京东金融品牌升级为京东数字科技。

2019 年 3 月，京东零售集团，正式成立。

2019 年 5 月，京东健康正式宣布独立运营。

2020—2021 年，京东集团在香港联交所二次上市，京东健康、京东物流在香港上市。

目前，京东形成了"由总到分"的阶梯型架构，总战略下细分出智能零售、智能物流、智能金融、智能健康、智能城市等品类。手握五只独角兽：京东科数、京东健康、京东物流、爱回收、京东工业品，加上京东到家和达达合并而成的新版京东到家，让京东即使面对疫情冲击下的市场下行状态，发展态势依然强劲。

下面我们将主要以近两年来发展迅猛的京东健康这只"独角兽"，和开辟京东零售新天地的自有品牌京东京造为例，讲讲京东集团这一大型数字供应链服务企业的战略路径是如何推进的。

5.4.1 京东健康如何成为卓越运营者

京东健康股份有限公司，是京东旗下专注于医疗健康业务的子集团，也是医疗产业数字化改造的领跑者。2020 年 10 月，京东健康召开合作伙伴大会，宣布品牌升级，致力于打造"以供应链为核心、医疗服务为抓手、数字驱动的用户全生命周期、全场景的健康管理平台"，确立了"科技赋能健康管理"的品牌理念。

目前，京东健康的主营业务覆盖医药健康电商、互联网医疗、消费医疗和智慧解决方法四大板块：医药健康电商版块，是京东健康最成熟的业务板块，包含药品零售（B2C）、药品批发（B2B）、非药类泛健康商品零售（B2B2C）等业务；互联网医疗版块，与京东健康电商版块打通，围绕着患者需求，开展在线挂号、问诊开方等医疗服务；消费医疗版块，为用户提供包括体检、医美、齿科、基因检测、疫苗预约等在内的消费医疗服务；智慧解决方案，主要服务于不同类型的客户，如线下实体药店、医院、政府部门等，向其提供基于互联网＋科技的信息化、智慧化解决方案，共享多场景智慧医疗能力。

在 2021 年全年业绩报告中，京东健康以 306.8 亿元营收总额稳坐医药电商行业头把交椅。那么京东健康是如何在开拓期成功起步，实现卓越运营的呢？

● **立足基础支撑业务，深挖顾客价值**

2021 年 8 月 24 日，京东健康发布上半年业绩报告，医药电商自营业务以 117.6 亿元的收入占据公司总营收的 86.21%。2017—2021 年，零售药房业务历年贡献收入比例都在 85% 以上，是京东健康名副其实的基础支撑业务。

◆ **经济价值：价格透明，物流便捷**

相比线下售药，京东健康采取的线上零售方式让药品价格更加清晰，更加透明。"618"和"双十一"活动期间，京东健康平台大量分发满减优惠券，让顾客切身享受到实惠；借助京东自有广告营销体系，京东健康得以减少对外推广开销，将更多优惠返还给消费者。此外，京东健康以京东物流自营的多级仓源和云仓仓源为基础，结合京东自有物流配送及第三方配送等丰富资源，京东健康实现了药品速达、物流成本大幅降低等，顾客可以快速收到价格相对较低的正品药，用得安心。疫情期间，京东健康针对疫情地区推出免费在线问诊、名医 1 元问诊等活动，为饱受疫情折磨的疫区消费者带来便捷暖心的服务。

◆ **功能价值：线上线下结合，一站式健康服务**

随着京东健康的业务版图逐步扩大，京东线上平台与京东大药房形成良性互补。截至 2021 年 6 月，京东健康平台拥有超过 4 000 万的最小存货单位（Stock Keeping Unit，SKU），京东药急送在全国范围内合作连锁品牌超过 200 个，覆盖了中国 300 多个城市，提供 3 公里内药品 30 分钟必达服务。京东健康为用户提供"医 + 药"一站式健康服务，除线上购买药品外，用户可以在京东健康一站式享受多重医疗服务，如挂号预约、线上问诊、药品零售、慢病管理、家庭医生等。

◆ **心理价值：良好口碑，值得信赖**

京东多年来在用户心中建立起正品行货的标签，被认为是一个可以信赖的购物平台。京东健康依托京东长期积累的良好口碑，产生品牌效应。京东集团拥有超 5 亿名忠实顾客，加之京东物流的运输保证，顾客在京东商城等其他销售渠道买得放心满意，会更热衷于购买京东健康的产品。京东健康的主要发展渠道之一——京东大药房的收入已经超过了四大药品零售连锁企业。截至 2021 年 12 月 31 日，京东健康年活跃用户达 1.23 亿名，是全国数千万个家庭的选择。

◆ **社会价值：签约药企深度合作，公益健康平台共建**

京东健康与卫材中国、阿斯利康、辉瑞等多家全球知名医药企业、健康公司签约合作，共创用药服务全面升级，解决用户慢性病用药需求。新药发布方面，京东健康探索与供应商的深入合作，实现创新药、新特药等产品在线上平台的首发，为中国患者提供全球同步的前沿治疗方案。携手阿斯利康，助推原研药的大众化渠道普及进程，使肿瘤患者在家即可购买到药物，进一步提高抗肿瘤治疗的便捷性。

疫情期间，京东健康积极承担社会责任，通过自身在医药零售行业的基础设施能力，协同京东物流充分发挥供应链优势，可以保障偏远地区药品供应，以满足基层和边远地区用户的用药需求；2021 年 12 月，京东健康上线了"京东健康公益平台"，涵盖公益援助、求医指南、爱心药品、在线义诊等多项公益性健康服务。

● **全渠道布局，突破组织边界**

京东集团除在品牌保障方面为京东健康背书外，在技术、物流、供应链采购等方面，都为京东健康提供了强有力的支持。

B2C 方面，京东大药房是京东健康自营业务的核心产品。2019 年，京东大药房收入已经超过了四大药品零售连锁上市企业；2021 年 2 月，京东上线罕见病关爱中心，同时启动罕见病基金。京东健康以京东物流自营的仓源为基础，利用京东全国物流基础设施网络（包括 17 个药品仓库及逾 350 个其他仓库），联通上游厂商、中游分销商，以及下游药房。通过端到端的供应链能力实现规模效应，提升对药品分发渠道的掌控能力。截至 2021 年上半年，其物流和仓储开支占收入比已经降至 10%。

B2B 方面，京东健康旗下医药健康产品批发平台"药京采"，致力于解决药店采购不透明、层层加价的问题，通过"互联网＋"实现跨区域用户、药房、药企、医生联通，目前已经是国内最大的第三方药品批发平台之一。"药京采"通过采购、动销、陈列及培训活动连接上游药企与终端药店，帮助药店寻找正规货源并赋能药企产品销售活动。通过药京采触达，京东健康为基层诊所提供了一体化的赋能方案，包括提升供应链效率，提高药品水平，降低药价；提供技术赋能，提升基层健康管理水平；提供医生培训，提升基层医生诊疗水平等。平台采购终端覆盖全国近 300 个城市，超 23 万家。

O2O 方面，京东健康全渠道布局，与线下药房合作成立"京东健康 - 联盟大药房"，利用线下药房与京东大药房的自营服务和线上平台相联合，为合作药店开通"京东药急送"服务。承诺 3 公里内，最快 30 分钟送药上门，满足用户紧急用药需求。针对不同用户的时间需求，"药急送"还推出当日达、次日达、7×24 小时快速达等多项服务，方便用户选择期望时限。截至 2021 年 9 月，京东健康联盟药房门店已超 600 家，覆盖全国 20 个省份。

5.4.2　京东健康如何成为价值拓展者

● 围绕客户健康需求，开辟新的增长曲线

京东健康的销售模式多样化，从业务上看，京东健康的业务范围涉及非常全面，包括挂号预约、线上问诊、药品零售、医药供应链、O2O 送药、慢病管理、家庭医生、消费医疗和互联网医院等。京东健康从医药电商起家，已经发展到业内布局最广、最完整的"互联网＋医疗健康"生态体系，形成了相对完善的"互联网＋医疗健康"产业布局。

其核心业务包含两个板块，除了通过自营、在线平台及全渠道三种方式布局的医药健康零售板块外，第二曲线（见图 5-6）在线医疗健康服务的实力也不容小觑，细分为互联网医院和消费医疗健康服务。京东健康已经不仅仅是卖药的平台，而是整合对接线下医疗机构，形成线上线下融合的大健康平台：集药品销售、在线询诊和健康管理等服务于一体。

2014 年，京东健康在线零售作为京东集团的独立业务进行运营。

2017 年，京东健康推出在线问诊业务，迈入了在线医疗服务的大门。

2018 年，京东健康推出在线处方服务，标志着互联网在线医疗服务正式上线。

京东健康通过医药零售切入在线医疗服务领域，二者相辅相成。目前，在线医疗服务涵盖互联网医院和消费医疗服务两大板块。在互联网医院，用户可以享受在线服务、慢性病管理及家庭医生服务。消费医疗服务板块，京东健康与第三方医疗健康服务商合作，将体检服务、医学美容、口腔齿科和疫苗预约等多种功能整合到线上，让用户可以方便快捷地在线上了解相关信息或进行预约等。

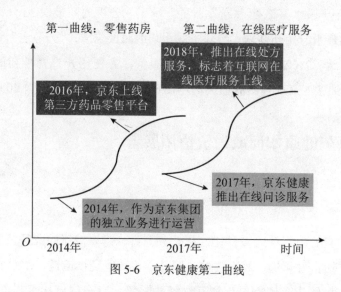

图 5-6　京东健康第二曲线

　　京东互联网医院是国内首批获得互联网医院拍牌照的平台型医院之一。目前，京东健康签约医疗机构数量已超 13 万家，覆盖 1 万家医院，组建起 13 万个医疗团队，持续致力于探索专病专科疾病的互联网医疗健康服务模式创新，目的在于加强专科领域的预防、治疗和康复一体化发展，已开设包括心脏中心、耳鼻喉中心、中医院与呼吸中心等在内的 28 个专科中心。2021 年上半年，京东健康线上问诊已达每日 16 万次，持续提升用户黏性，带动京东健康药品增长。

● 与时俱进，满足顾客不断变化的需求

　　随着人们生活质量的提高，消费者的健康观念正在从"看病买药"向"精致健康"转变。因此，京东健康抓住时机，在京东健康主页推荐各类营养品、滋补品、医疗器械，2021 年"618"期间，助眠类营养保健品、家用呼吸机、调理肠胃的养生茶饮销售同比增长分别高达 360%、270%、100%。此外，京东健康于 2020 年 8 月发布了家庭医生服务产品"京东家医"，覆盖了从日常咨询、专科问诊、疑难重症到健康管理等的全场景。用户在京东健康签约家庭医生后，可以通过图文、视频、电话等方式线上问诊，每位家庭成员都能享受到全科室医生 24 小时在线问诊服务、48 小时内专家团队在线会诊等医疗健康服务，从而实现"一人签约、守护全家"。

5.4.3　京东健康如何成为生态联盟构建者

京东健康形成了以京东大药房为代表的线上线下融合的新型实体业态。通过供应链合作，连接众多医药健康产品生产企业、医疗机构、零售药店等实体经济，建立了线上线下一体化医疗健康服务生态。同时，京东健康积极深化与上游药企的合作，通过"绑定上游"的模式，强化自身能力，带动产业链下游企业共同发展。在医疗健康产业多个环节的数字化过程中，发挥了基础设施的作用。

● 核心角色：三方入驻，数字化运营

作为京东集团的子公司，京东健康借助"京东"的品牌知名度及庞大的客户群和技术平台等优势，吸引了大量连锁药房、独立药房、供货商等三方入驻。同时，得到了来自母公司多方支持，包括提供广泛的服务，促进其产品和服务的线上销售，技术和流量支持，物流服务安排和支付处理服务等。使得京东健康毫无疑问在健康服务生态链中占据核心角色，不仅可以助力药企数字化营销，还可以帮助线下药店提高运营水平、服务质量。

● 无边界化：上中下游医药供应链高效整合

京东健康从医药电商起家，已经发展到业内布局最广、最完整的"互联网＋医疗健康"生态体系，形成了相对完善的"互联网＋医疗健康"产业布局。京东健康零售药房业务板块，对严格筛选出的线上入驻第三方卖家给予平台支持与相关培训，并进行规范化监控。截至 2021 年 6 月，线上平台已经入驻了超过 14 000 家第三方卖家，京东大药房无法供给到的长尾商品，由第三方卖家填补，实现了二者的良性内循环。同时，"药京采"业务板块依托京东健康的多方资源优势，为上游工业企业、中游商业企业及下游零售终端提供多种无边界化服务，携手合作伙伴，进行医药供应链专业化、数字化、智能化高效整合，打破供应链与企业的边界。

● 　共同进化：药企深度合作，探索数字化营销

2021 年，京东健康与优时比中国、赛诺菲中国、桂龙药业、诺华制药、吉利德科学、百济神州等国内外知名药企进一步深化合作，多家药企的新特药在京东大药房线上首发，并合作探索了多项数字化营销项目。

以赛诺菲中国为例，京东健康可以帮助其打造，围绕慢病患者整个生命周期的线上诊疗与健康管理数字化综合方案。而赛诺菲旗下来得时、达必妥等冷链产品也在京东大药房线上首发，进一步扩大了京东大药房的商品种类，为其赢得更多潜在客户，二者实现双向共同进化。

● 　价值共创：平台、药企、药店三方共赢

合作共赢必然带来价值共创。上游企业方面，京东发挥大数据方面的技术优势与平台优势，药企发挥技术产品优势，双方合作共建单病种线上医药馆，打造线上医药服务平台，实现患者的线上全周期慢性病管理，为上游企业了解下游需求、提升药品复购率提供数据支持；下游药店方面，入驻京东健康平台的第三方企业借助平台优势销售药品、健康产品等，满足用户多样化需求，京东健康则可以通过向三方收取佣金、服务费等方式合理获利。

以保险极客为例，2020 年 12 月 16 日，保险极客宣布与京东健康达成战略合作，为用户提供线上＋线下的完整医疗服务，包括视频问诊、图文问诊、购药开方、健康档案等线上一体化服务，以及解决线下就医问题的全面优质的医疗服务，为用户带来便捷安心的医疗与健康管理解决方案。双方合作，最大化创造价值，构成"医＋药＋险"的全链条模式，为用户提供购药、健康保险、医疗健康服务等多重服务。

5.4.4　京东京造如何成为卓越运营者

近些年，随着消费零售行业的不断迭代升级，产品市场已经由商品短缺

进入了商品过剩时代，消费者对于产品的要求已经不仅限于能用、管用，对于商品的品质要求也越来越高。同时，市场产品信息的爆炸也给消费者带来极大的"选择困难"，用户急需一种模式将自己从这种不断对比品牌、型号、参数的"艰难模式"中解救出来，"严选模式"应运而生。

最早的严选品牌是日本的无印良品等线下品牌，后期中国的网易严选、淘宝心选等互联网品牌后来居上，发展势不可挡。严选品牌可以很好地帮助用户挑选出品质优秀、性价比高的产品，"解救"用户于选品困境，一推出便受到了很大一部分中产阶级群体的喜爱，用户黏性与复购率都很高。

在这样的情况下，京东京造应运而生。也决定着其用户画像主要以较发达城市、消费能力中等及以上的中产阶级男性为主，这一类人群比较注重生活品质，被称为"品质人群"。人群特点是希望买到质量好、彰显品位的产品，不会在价格上过度节省。

"京东京造"就是京东洞察市场趋势，推出的自有严选品牌，产品主要聚焦提升消费者生活品质的家居百货领域，定位是"好生活的缔造者"，为达成这一定位，京东京造还有两个更为细致的产品理念："高端产品大众化"和"大众产品品质化"。

● 从品质出发，以高质量创造顾客价值

（1）经济价值：高端产品大众化

"高端产品大众化"，就是让更多普通消费者使用到价位较高的商品。"高端产品"的市场定位，让这一类产品具备着"品质""新颖""价格较高"等标签。而京东京造要做的，就是简化产品的附加功能，保留其核心，降低成本，去除品牌溢价和宣发费用，让"高端产品"进入千家万户，便利千千万万的普通家庭。

京东的数据抓取机制，可以轻松支持京造分辨哪些才是用户需要的产品核心功能，哪些是可有可无的附带加成。如智能马桶盖、智能门锁、电动牙刷、手持吸尘器等，就是非常实用的偏高端智能产品。在没有体验之前，人们可能并不能理解明明几块钱就能买一支的牙刷，为什么要卖好几百。

京东京造在这些品类做出了同样品质，但价格却远低于高端大牌的实用产品。这些"高端产品"不再是可望而不可即的白月光，而真正成为每个小家庭中的一员，发挥着自己的光热，为家庭成员带来便捷舒适的品质生活。

（2）功能价值：大众产品品质化

"大众产品品质化"与我们的功能价值紧密相连。利用京东京造严选平台对数据的把控，抓住消费者痛点，把一些售价不高但产品质量参差不齐的生活日用品，做到品质最优。

如我们生活中每天都会用到的毛巾，看似只是生活中的一个小角色，但谁也不想在一个精力充沛的早上，刚洗完脸准备擦干，发现自己的毛巾硬得像被烤干的海带片；又或者在舒适的傍晚准备洗漱休息，拿起毛巾，发现有细小的纤维颗粒已经粘在了手上，顿时心情全无。

但是，如果你买了京东京造的毛巾，那么恭喜你，可以放宽心了。京造的毛巾采用来自新疆阿瓦提的上好棉花，纤维长度高达 38 毫米，比普通棉纤维约长 1.5 倍，同时吸水性强，柔软亲肤，不易掉毛，完美解决了上面可能会产生的各种毛巾问题。

一条普通的毛巾都可以做到精益求精，我们完全有理由相信京东京造的产品品质，纸巾、书包、牛仔裤、拉杆箱等生活消费品，京造完全可以做到高于市场同类产品平均水准，这是"大众产品品质化"的典型代表，也是顾客价值主张的直接展现。

（3）心理价值：品牌值得信赖，用户安心舒心

高速、高压的工作、学习生活，让大城市的年轻人没有太多心力斟酌选品，但遇到质量不好的生活用品显然不是件愉快的事。从用户角度，京东多年在用户心中根植的信赖感，将延续、赋能给京东京造品牌。2022 年"618"活动期间，消费者热情拉满，京东京造引领质价比消费浪潮，较前一年"618"销售额同比增长 47%。京东京造的存在，给消费者提供了放心、安心、舒心的品质生活，为忙碌的生活增添一抹温暖的色彩，这显然是最实惠的心理价值，高品质产品成为越来越多消费者的省心之选。

（4）社会价值：助力企业数字化转型升级，提供优质产品

京东京造一贯坚持 C2M 生产模式，通过大数据反馈出的用户需求反向定制产品。这种柔性定制模式不仅为京东京造的供应链企业降低了库存积

压概率，提高资金流转率，更可以带动传统制造企业数字化转型，在用户需求鞭策下提高数字化能力和研发能力，突破发展瓶颈，完成数字化转型升级。

强大的数字化能力，让京东京造可以实现用户需求的深度挖掘和精准的产品定位。作为京东一贯坚持的有责任的供应链的一部分，京东京造坚持为合作方提供数字化支撑与服务，供应链企业通过数字化转型连接上下游资源，理顺企业能力，为用户提供优质产品，在京东京造的帮助下达成自己的社会价值。

● 创新生产销售模式，有效突破组织边界

面对市场需求的逐渐多元化、个性化，企业要精准把握用户的消费需求，针对这些痛点定向解决。京东京造背靠京东体系，借助京东大数据和全网营销优势，采用根据消费者需求向工厂反向定义产品、开发产品的 C2M 模式；同时，借助京东商城平台直接面向消费者，销售链路更短，效率更高。

（1）供应链端：精准把握用户痛点，实现 C2M 模式反向产品定制

京东京造面向上游供应商全面开放数据、工具、物流、服务与渠道，五项核心能力。大大缩短了产品更新迭代的反应链路，可以为上游供应商提供更加精准的产品设计辅助，依托 C2M 模式定向调整研发，降低运营成本，提高运营效率。

京东京造反向定制工作五步法，即需求报告、仿真试投、厂商研产、京东首发和精准营销。在研发环节，基于京东用户大数据对行业趋势进行预判，制定需求报告，通过对目标群进行仿真试投判断产品效果并给予完善；在生产制造环节，厂商根据需求报告进行研发、设计，匹配生产要素柔性生产；在销售配送环节，产品在京东商城、京东之家等各销售场景首发上市，并结合京东大数据对兴趣用户进行营销。精准营销是一套针对新品开发和上市的系统化解决方案，以海量用户数据为基础，通过行业、市场、商品、价格、人群、营销的六维数据视角交叉分析，彻底解决厂家与消费者之间"供需"信息不对称的问题。京东京造介入产品定位、研发、

宣传、销售等全价值链环节，与厂商一同确定产品品质，为用户提供质优价廉的商品。

（2）销售端：直接面向消费者，销售链路更短，效率更高

目前，京东京造的商品已经覆盖了全国超 2 500 家线下门店，386 个城市。京东京造凭借"产、仓、配"数字一体化架构，其供应链具有远超其他品牌的快速响应能力，受到众多企业青睐。目前为止，合作企业中国企、央企、500 强和一些区域性的知名企业超 300 家。面向下游消费者，京东京造依托京东大数据体系，精准识别用户画像；通过京东品牌强背书、品效合一全网推广、全渠道赋能，全流程助力合作伙伴；通过企业数据中台规划下的智慧采购解决方案，将产品输出到翼积分商城、广电小程序等 1 000 多个包含积分兑换等方式的第三方平台，与中国银行、中国电信、中国石化等数十家全球 500 强及大型国企央企达成年度战略合作；同时深化了京造在下沉市场的布局，成功上线京造十元店。

5.4.5　京东京造如何成为价值拓展者

2018 年，京东京造作为京东第一个自有品牌宣布上线；经过 3 年多发展，2020 年 12 月 21 日，京东召开了"聚力·融生"自有品牌合作伙伴大会，与会期间，由京东京造、佳佰、LATIT、惠寻组成的京东自有品牌矩阵集体亮相，标志着京东实现了自有品牌的第二曲线（见图 5-7）打造。

目前，京东自有品牌又添"风味坐标""京萌"两员大将。核心品牌京东京造主打全品类，提升大众品质生活；佳佰专注居家生活品类，为消费者提供"一站式"生活场景方案；LATIT 作为运动品牌，倡导运动时尚与舒适便捷；惠寻则是京东下沉市场的得力干将，力求以"低价不低质"的理念，为下沉新兴市场带来极致性价比的产品与服务；风味坐标聚焦食品生鲜，为大众提供可以安心购买的优质风味美食；京萌是专注爱宠生活的专业宠物品牌，致力于为爱宠人士打造人宠和谐生活。这样的品牌矩阵展现了京东在供应链与产品制造方面的雄心壮志，也为京东京造的生态演进拉开了帷幕。

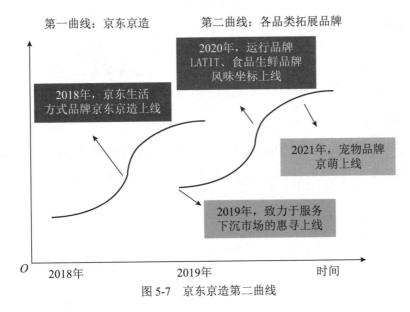

第一曲线：京东京造　　　　第二曲线：各品类拓展品牌

2020年，运行品牌LATIT、食品生鲜品牌风味坐标上线

2018年，京东生活方式品牌京东京造上线

2021年，宠物品牌京萌上线

2019年，致力于服务下沉市场的惠寻上线

O　　2018年　　　　2019年　　　　时间

图 5-7　京东京造第二曲线

以品牌矩阵和全渠道布局为抓手，京东自有品牌打造了独有的多元合作模式，极大程度实现多元渠道的精准营销。2020 年"双十一"期间，京东自有品牌催生了多项单个 SKU 爆款：京东京造实木儿童学习桌椅累计销售额超过 2 000 万元，惠寻竹浆本色抽纸累计下单超过 100 万件等。

5.4.6　京东京造如何成为生态联盟构建者

自有品牌合作伙伴会上，京东集团高级副总裁、京东自有品牌业务负责人王笑松向合作伙伴介绍了京东的"产业带 CEO"计划——以京东数智化社会供应链为依托，通过共创（Co-create）、赋能（Empower）、开放（Open）长期绑定战略合作伙伴，助力我国产业集群数智化升级和提质增效，为实体企业和实体经济的高质量发展贡献力量，为消费者和产业链创造更大价值。

● 核心角色：提供服务链生态，助力数字化转型

京东京造在其合作伙伴生态中占据核心角色的原因有二：
一是京东京造可以提供给供应链伙伴的，不仅局限于一份普通的合作订

单，而是一条精准连接供应链上下游产业与顾客端的服务链。

二是京东京造依托京东集团的强大大数据及供应链能力，可以在与供应商达成互信关系的战略合作基础上，通过对合作伙伴的全链路助力，以消费差异化需求驱动生产，帮助实体经济供需匹配，开拓广阔销路，得以实现数字化转型升级。

京东集团首席战略官廖建文博士在《战略进化：突破增长的挑战》演讲中指出，京东通过数据洞察，自主构建的数智化社会供应链，能够通过数字协同和网络智能，持续优化垂直行业供应链的成本、效率和体验，实现从消费端到产业端价值链各环节的整体优化与重构，并通过开放平台有效调动各价值链环节的社会化资源，提升敏捷响应与匹配效率。

从这一段话，我们不难看出，京东所具备的数智化能力，直接将京东京造等京东自有品牌的地位在供应链中推至顶峰，京造无疑在垂直行业供应链中扮演着核心角色。拥有数据洞察能力就拥有绝对的统治权，这与第二曲线中供应商期望京造为其带来数字化升级的想法不谋而合。

● 无边界化：开放核心能力，帮助实现精准产品设计

京东京造要继续在产品、体验、效率方面发力，打造柔性供应链能力，就要针对供应商做五项开放，包括数据、渠道、服务、工具和物流，实现对供应链合作伙伴的无边界化多渠道支持。这些核心能力的开放，大大缩短了供需之间的反应链路，将帮助上游供应商实现更精准的产品设计，更低的运营成本与更高的运营效率。

● 共同进化：开放平台资源，持续优化效率

京东京造通过数据洞察、数字协同和网络智能，持续优化垂直行业供应链的成本、效率和体验，实现从消费端到产业端价值链各环节的整体优化与重构，并通过开放平台有效调动各价值链环节的社会化资源，提升敏捷响应与匹配效率。当这些系统性能力组合起来，供应链企业与销售端企业的成长也会有助于京造以更低的成本、更高的效率，向用户提供更高品质的产品。

● **价值共创：反向定制产品，实现京造、企业、消费者共赢**

京东京造得益于 C2M 模式在新品开发中的应用，通过精准洞察当前消费市场变化，及时抓住消费趋势，"反向"推动合作伙伴共同进行产品研发，完成产品"定制"。其联合合作伙伴上新的多款单品，一经推出就深受消费者欢迎，与合作伙伴实现价值共创，为广大消费者带来了更多匹配自身个性化需求的特色产品。

参考资料

[1] 10 步构建产业生态：详解华夏基石产业生态构建方法论 [EB/OL].https://ishare.ifeng.com/c/s/7o8TOWEjXZb

[2] 如何找到企业的"第二增长曲线"[EB/OL].https://zhuanlan.zhihu.com/p/497238309

[3] 为什么华为手机能迅猛发展？因为他们践行颠覆性创新的营销思维 [EB/OL].https://www.sohu.com/a/332164376_369444

[4] 什么是场景？如何结合场景设计出好产品？ [EB/OL].https://www.woshipm.com/pd/4437873.html

[5] 华为做智能家居，靠什么？ [EB/OL].https://zhuanlan.zhihu.com/p/404900469

[6] 华为伙伴暨开发者大会 2022 [EB/OL].https://www.bilibili.com/video/BV1kg411Q7Va?spm_id_from=333.337.search-card.all.click

[7] 华为的采购与供应商管理之道 [EB/OL].https://xw.qq.com/cmsid/20220418A0CXMP00

[8] 小米 MIUI 13 系统体验评测：这才是 MIUI 该有的水平 [EB/OL].https://baijiahao.baidu.com/s?id=1721289096275576819&wfr=spider&for=pc

[9] 小米手机 miui 系统怎么样 [EB/OL].https://g.pconline.com.cn/x/951/9513823.html

[10] 小米公益平台正式上线 [EB/OL].https://www.mi.com/foundation/detail/news/202111261806

[11] 小米基金会、小米社区携手全国米粉，十二城联动"米粉公益月"[EB/OL].https://www.mi.com/foundation/detail/news/0507

[12] 天风证券：从行业红利逐步释放看京东健康 (06618) 成长空间 [EB/OL].https://m.zhitongcaijing.com/article/share.html?content_id=448038

[13] 黄贞贞，王鑫 . 互联网巨头大健康版图 [J]. 企业管理，2021(9):63-69.

[14] 廖泽俊，蔡彬 . 京东健康对运营商家庭健康业务的启示 [J]. 通信企业管理，2021(9):60-63.

[15] 童露，徐秀美，俞锦 . 新消费背景下需求识别、虚拟网络组织与企业动态能力——以网易严选和京东京造为例 [J]. 产经评论，2020,11(04):48-62.

[16] 京东京造 618 战报：总成交额较去年 618 同比增长 47%，多个新品成爆款 [EB/OL].http://caijing.chinadaily.com.cn/a/202206/20/WS62afe586a3101c3ee7adb74d.html